희망을 통찰하다

우리 시대의 청춘 특강

희망을 통찰하다

김창남 **기획**

주진우 최규석 김영미 원종우 김우정 배순탁 이준행 김동완 임승관 **지음**

소통하는 오늘, 함께하는 내일을 본다

이제 꽤 식상할 때가 되었다 싶은데도 여전히 '힐링'이 잘 팔리는 모양이다. 그만큼 치유를 필요로 하는 영혼이 많다는 뜻일 게다. 고삐 풀린 채 질주하는 자본주의 체제 속에서 고립된 개인이 갖는 공포와 불안이 끝없이 재생산되고 있다는 반증이다. 숱한 힐링 전도사들이 무슨 이야기를 하고 있는지는 들어보지 않아 잘 모르겠지만, 적어도 내 경험 속에서 힐링의 핵심은 말을 하는 것, 그리고 말을 듣는 것이다.

가끔 학생들과 상담하다 보면 이런저런 얘기를 하다가 울음을 터뜨리는 학생을 종종 만나게 된다. 이럴 때 내가 할 수 있는 일은 그저 가만히 들어주는 것, 그리고 함께 울어주는 것이

전부다. 그런데 묘하게도 그렇게 말을 하고 울음을 터뜨리고 나서는 한결 밝아진 표정으로 웃으며 나가는 학생이 많다는 것이다.

누군가에게 속에 있는 말을 꺼내고 감정을 드러내는 것만으로도 상당한 심리적 치유 효과가 있다는 건 잘 알려진 사실이다. 물론 그런 식의 힐링이 근원적인 치유가 될 수는 없다. 삶의 조건 자체가 변하지 않는데 일시적인 마음의 후련함이 문제 해결일 수는 없기 때문이다. 하지만 말을 하고 말을 듣는 관계를 만드는 것은 문제를 해결하는 가장 중요한 출발점이 될 수 있다.

지금 청년 세대가 겪는 공포의 근저에는 모든 문제를 나 혼자 해결해야 한다는 고립감이 자리하고 있다. 남들 다 버스 타고 떠났는데 나 혼자 남은 것 같은 두려움, 세상의 다른 이들은 경쟁 상대이며 그들을 이겨야만 내가 살아남을 수 있다는 생각이 공포와 불안을 가중시킨다.

이야기를 하고 듣는 것, 말을 나누는 관계는 바로 그런 고립감에서 벗어나 좀 더 거리를 두고 문제를 직시하게 하는 첫 번째 계기를 만들어준다. 그것이 나의 문제가 아니라 우리의 문제이며, 따라서 문제 해결 역시 나 혼자가 아니라 우리 모두가 함께해야 하는 것임을 깨달을 때 비로소 치유는 시작된다. 그런 의미에서 힐링은 그럴듯한 잠언을 늘어놓는 성직자들이나 철학자들, 심리학자들이 아니라 문제를 공유하고 있는 사람들끼리의 대화와 소통을 통해 이루어져야 한다.

'매스컴 특강'은 성공회대학교 신문방송학과의 전공과목이다. 이 강의의 기본 콘셉트는 외부 전문인들의 특강을 듣는 것이다. 하지만 전문적 권위와 상징 자본을 가진 지식인이 일방적으로 강연을 하고 학생들이 수동적으로 앉아 듣는 특강이 아니다. 학생들은 듣고 싶은 강사를 선택하고 그에 관해 연구한다. 이 준비 과정에서 학생들 간에 수많은 대화가 이루어진다. 학생들은 또한 강의 전에 강사를 만나 인터뷰해야 한다. 강사와 학생들 간의 대화 속에서 특강의 주제와 형식이 정해진다.

강연 역시 기본적으로 대화의 의미를 갖는다. 학생들의 활기찬 질문이 끝없이 이어진다. 때로 강사가 질문을 던지기도 한다. 대화가 이어지는 가운데 강사와 청중의 경계가 시나브로 사라지는 장면이 수시로 연출된다. 학생들은 강연 속에서 답을 찾는 것이 아니라 새로운 질문을 찾는다. 그리고 그 질문을 다른 학생들과 공유한다.

강연에 대한 학생들의 감상문을 보면 이 강연을 준비하고 수강하며 대화를 하는 과정에서 스스로 성장했음을 느낀다는 고백을 많이 접하게 된다. 강의를 마친 강사들 역시 많이 배웠다는 얘기를 자주 한다. 가르치는 자와 배우는 자가 함께 성장하는 교학상장教學相長의 살아 있는 현장이다.

나는 이런 모습이 다름 아닌 힐링의 과정이라고 생각한다. 함께 대화하고 함께 공부하며 함께 성장하는 것이야말로 진정한 문제 해결의 시작이기 때문이다.

주간지《시사IN》의 주진우 기자는 지난 2012년 대선 전 선풍적인 인기를 끌었던 팟캐스트「나는 꼼수다」로 널리 알려진 사람이다.「나꼼수」를 통해 그를 접한 학생들이 그의 강연에 뜨거운 반응을 보인 건 당연한 일이다.

하지만 그는 팟캐스트의 스타이기에 앞서 뛰어난 기자다. 그는 시사저널 기자로 있다가 삼성 비판 기사 삭제 사건을 겪으며 파업에 가담했고, 이후 시사저널을 떠나 다른 기자들과 함께《시사IN》창간에 참여했다. 권력층의 비리와 부패를 파헤치는 그의 탐사보도는《시사IN》의 성가를 높이는 데 큰 기여를 하기도 했지만 동시에 권력층의 미움을 사 수많은 기소를 당한 원인이 되기도 했다.

이와 같은 이력을 보면 엄청난 용기와 소신으로 꽉 차 있는 사람으로 비친다. 하지만 그는 자신을 이끌어온 힘은 용기나 소신보다 재미있는 일을 찾고 이를 즐기는 태도라고 말한다. 중요한 건 기자가 되는 것이 아니라 '어떤' 기자가 되느냐는 것이고, 그러려면 무엇보다 그 일을 좋아하고 즐겨야 한다는 것이다.

그가 생각하는 좋은 기자란 '중립'의 허울에 갇히지 않고 약자의 편에 서면서 힘 있는 자들을 비판할 수 있는 기자다. 최소한의 인간다움의 의미를 알고 실천하는 기자다. 주진우 기자는 바로 이를 위해 세상을 보는 나의 시선을 확고히 갖는 것이 중요한 일임을 강조한다.

만화가 최규석은 최근 드라마로 방영된 웹툰 「송곳」으로 잘 알려진 작가다. 「송곳」은 대형 마트를 무대로 노동자들이 노조를 설립하고 사측과 맞서 싸우는 과정을 다룬 만화다. 한국에서 노동자들을 주인공으로 내세운 만화가 등장하고 인기를 얻는 것은 극히 예외적인 일이다. 「송곳」은 단지 노동이라는 소재를 다루었다는 것만이 아니라 대단히 핍진한 스토리로 노동자들의 현실을 리얼하게 보여주며 재미와 감동을 구현한 작품으로 호평을 받고 있다.

그는 사회적 정의나 인간적 도리 같은 것이 패키지화되고 교조화되는 것을 경계해야 한다고 말한다. 노동운동을 하는 사람이라면 화려한 차림을 하면 안 된다든가, 결혼을 하면 애를 낳아야 한다든가 하는 식으로 강요되는 이데올로기를 거부하고 자신을 지키면서 다양한 사람들의 삶의 방식을 승인할 수 있어야 한다는 것이다.

그는 자신이 사회 비판적인 만화를 그리는 일이 특별한 일이라고 생각하지 않는다. 어떤 사회적 책임감이나 사명감을 가지고 하는 일도 아니다. 인간은 사회적 존재이고 어떤 작품이든 사회성을 띨 수밖에 없다고 생각한다. 그는 특별히 강한 사람이 아니라 대부분의 사람들처럼 현실 속에 묶여 있는 사람들을 그리고 싶어 하는 것이고, 그러다 보면 필연적으로 사회적인 문제를 다룰 수밖에 없다는 것이다.

김영미는 주로 분쟁 지역을 다니며 뉴스를 전하고 다큐멘터리를 제작해온 PD다. 도대체 왜 그렇게 위험한 곳을 다니며 취재를 하느냐고 물어보면 "누군가 해야 할 일인데 아무도 안 하니까"라고 대답한다. 우리가 지구상에서 벌어지는 일들 가운데 대형 매체가 외면하는 구석진 분쟁 지역의 일들에 대해 그래도 최소한의 정보를 갖게 된 데에는 김 PD의 헌신적인 역할이 크다.

방송 PD로서 결코 좋은 스펙을 갖지 못한 그가 이렇게 자신만의 영역을 가진 PD로 성장할 수 있었던 원동력은 콤플렉스를 가지지 않았다는 데 있다. 방송 초년 시절 스펙이 달리는 그를 동료들이 왕따시키고 있다는 사실을 인식하지 못했던 것도 콤플렉스에 사로잡히지 않았기 때문이다.

그는 학생들에게 스스로에게 관대해지라는 말을 여러 번 강조했다. 남들의 시선에 갇히지 않고 자신을 사랑할 때에만 내 뜻을 향해 나아갈 힘도, 용기도 생긴다는 것이다. 아프리카에서 만난 기린들이나 얼룩말들은 우리 눈으로 구별할 수 없을 만큼 똑같다. 그들 눈에 비친 인간의 모습도 그럴 것이다. 내가 남들과 그리 다르거나 모자란 사람이 아니라는 생각을 가질 때 스스로를 소외시키지 않으면서 자신을 사랑할 수 있게 된다.

원종우는 한마디로 정의하기 어려운 다채로운 이력의 소유자다. 그는 인디 뮤지션이(었)고 영국에서 기타를 공부한 기타리스트이며, 딴지일보 기자와 다큐멘터리 작가를 거쳤고 지금은 '과학과 사람들'이라는 과학 전문 기획사를 운영하며 과학을 주제로 한 팟캐스트와 공개 토크쇼 등을 진행하고 있는 과학 스토리텔러다. 『태양계 연대기』, 『조금은 삐딱한 세계사 : 유럽편』, 『파토의 호모 사이언티피쿠스』 같은 책을 쓴 저술가이기도 하다.

그의 이야기는 우주의 무궁한 시공간에서 인간의 삶이란 지극히 짧고 티끌 같은 것이며, 인생은 한순간의 꿈이라는 사실로부터 시작한다. 언뜻 허무주의를 설파하는 듯한 그의 이야기는 오히려 하나의 자리에 안주하지 않고 끝없이 변화를 추구하는 적극적인 삶의 태도를 강조하는 것으로 귀결된다.

시간이 갈수록 세상은 너무나 빨리 변화한다. 한 사람의 일생에서 세상이 몇 번이나 바뀌는데 20년, 30년 후의 비전을 세우고 계획대로 살아간다고 생각하는 건 착각이란 것이다. 그런 의미에서 중요한 건 미래에 대한 계획을 세우고 꼼꼼하게 준비하는 것이 아니라 상황 변화에 적응하는 유연성을 갖는 것이다.

원종우 대표의 강의는 과학과 역사에 대한 공부의 중요성을 강조하는 것으로 마무리된다. 과학과 역사에 대한 앎은 내가 그동안 당연하다고 생각해왔던 것들을 새롭게 느끼면서 다른 시선으로 바라볼 수 있게 해준다. 내 주변이 새롭게 보일 때 내 삶은 새롭게 시작되는 것이다.

김우정은 스토리텔링을 통한 문화 마케팅 기업을 설립해 운영하는 사업가다. 그는 스토리텔링이 현대사회의 일상적 삶은 물론이고 기업의 마케팅처럼 사람들을 설득하는 업무에서 가장 중요한 요소임을 강조한다. 좋은 스토리텔러가 되기 위해서는 겉으로 보이는 현상 아래 감춰진 진실을 찾아내는 통찰력이 필요하다.

통찰력을 키우는 세 가지 키워드는 '결핍'과 '모순', 그리고 '왜곡'이다. 사람들이 공통적으로 느끼는 결핍감이 어디에서 비롯되는지, 모순적인 욕망을 해결하는 방법이 무엇인지, 그리고 왜곡된 편향을 어떻게 해결하는지를 고민하는 데서 통찰력이 싹튼다.

김 대표가 성공적인 스토리텔링의 필수 조건으로 강조하는 건 '진심'이다. 초코파이가 '정'이라는 콘셉트를 내세워 성공할 수 있었던 것이나, 아디다스가 스포츠는 경쟁이 아니라 자신과의 싸움이란 점을 강조하면서 나이키의 도전을 뿌리칠 수 있었던 건 모두 대중의 진심을 움직였기 때문이다. 대부분의 만들어진 스토리보다 실화가 더 감동적인 이유도 마찬가지다.

좋은 스토리텔링은 단지 마케팅과 브랜딩을 위해 필요한 것이 아니다. 좋은 스토리텔링은 우리의 삶 자체를 더 재미있고 감동적인 것으로 만들기 위해 필요한 지혜다. 김우정 대표는 대학에서 임상병리학을 전공했고 학생회장을 했고 밴드 활동을 하기도 했다. 많이 놀고 많이 만나고 다양하게 경험한 것이 그가 새로운 사업을 개척하며 나름의 영역을 만들어갈 수 있는 원동력이 되었음을 강조한다.

배순탁은 「배철수의 음악캠프」 음악작가이자 음악평론가이고 여러 방송 프로그램에서 활약하는 방송인이다. 그는 자신의 전문 분야답게 주로 음악에 관해 이야기했다. 음악은 대부분의 젊은이들이 좋아하는 것이지만 막상 음악을 제대로 '잘' 즐기는 것이 어떤 것인지에 대해서는 생각해본 적이 없을 것이다. 배순탁 작가의 강연은 음악을 듣는 것이 단순한 여가 활동일 뿐 아니라 얼마나 자신의 정체성에서 중요한 일인지 새삼 생각할 기회를 주었다.

우선 그가 강조하는 것은 다양한 분야에 대해 관심을 가지라는 조언이다. 게임, 영화 등 연관 분야에 대한 관심은 음악 자체에 관한 소양을 더 깊고 넓게 가지는 데 도움이 된다. 그에 따르면 음악은 우선 '소리', 즉 사운드를 듣는 것이고, 가사를 듣는 것이며, 라임을 즐기고, 음악적 구조를 파악하는 것이다. 그저 흘려듣는 것이 아니라 생각을 하며 듣고, 분석을 하며 듣는다면 우리의 음악적 취향은 좀 더 깊은 경지에 다다를 수 있다. 그가 음악을 듣는 마지막 방법으로 제시하는 것은 역설적으로 '듣지 않는다'는 것이다. 진정 좋아하는 음악일수록 오래

듣기 위해서는 오히려 아껴가며 들을 필요가 있다.

사실 취미는 살아가는 데 꼭 필수적인 건 아닐지 모른다. 지극히 실용적인 관점에서만 본다면 쓸모없는 일일 수도 있다. 하지만 세속적 관점에서 쓸모없다고 폄훼되는 일이 어느 순간 구원이 될 수 있는 게 바로 인생이다. 배순탁 작가의 취미인 음악이 어느 순간 그의 삶이자 일이 된 것처럼.

이준행은 성공회대학교 신문방송학과 졸업생이다. 학부 시절 '매스컴 특강'을 들었던 수강생이 어느덧 강사가 되어 후배들에게 강연하게 된 것이다. 그는 잘 알려진 프로그래머다. 인터넷 언론이 이른바 낚시질을 위해 사용하는 '충격'이니 '경악'이니 하는 표현들이 얼마나 자주 쓰이는지 통계로 제시하는 '충격 고로케' 사이트를 만들어 언론에 알려지기도 했고 '일간베스트'에 대항하는 '일간워스트'를 만들기도 했다. 최근에는 일간지 컬럼니스트로 활동하고 있기도 하다.

그는 자신이 하고 있는 프로그래머, 혹은 소프트웨어 엔지니어의 일에 대해 다양한 사례를 들며 이야기했다. 그에 따르면 트위터나 페이스북에 올라가는 수많은 사람들의 단순한 일상도 쌓이면 다양한 정보를 드러내는 데이터가 된다. 이 데이터들을 제대로 읽는 눈을 가질 때 겉으로 드러나지 않은 실체적 진실이 보이기도 한다. 예컨대 선거 때 흔히 보는, 지역별 지지 정당을 색깔별로 나타낸 표는 실제 유권자들의 성향을 왜곡시킨다. 영남 지역이 온통 여당 지지로 보이지만 그 속을 들여다보면 도시와 농촌의 상황이 다르고 세대 간의 차이도 크다는 게 드러난다는 것이다.

데이터 엔지니어링의 중요성이 커지면서 개발자의 역할도 커지고 있다. 하지만 데이터에 대한 분석적 능력은 단지 직업적인 개발자에게만 중요한 게 아니다. 데이터의 홍수 속에서 진실을 찾아내는 능력은 모두에게 요구된다. 또 프로그래머에게 기술적인 능력만 필요한 게 아니다. 데이터의 사회적·역사적 맥락을 읽을 수 있는 능력이 필요하다. 인문학도들에게 과학기술에 대한 지식이, 과학기술자에게 인문학이 필요한 까닭이다.

김동완은 축구 해설가로 잘 알려진 사람이다. 프리미어리그 축구 해설에서 보여주는 그의 독특한 어법과 화술이 화제가 되면서 많은 축구팬의 인기를 얻고 있다. 그는 스포츠 에이전트로 나름 성공적인 활동을 하고 있지만 그렇게 되기까지 순탄하지는 않았다. 어렵게 시험을 통과해 에이전트 자격증을 취득하고 가까스로 직장을 얻었지만 돈도 못 받은 채 회사가 풍비박산 나는 아픔을 겪었다. 강남의 포장마차에서 일을 하며 이런저런 수모를 겪기도 했다. 이후 여러 유능한 선수와 계약을 맺으며 에이전트로서 성공적인 길을 걷게 되지만, 그는 늘 고생스럽던 처음의 경험을 잊지 않는다.

그가 에이전트로서 선수들을 대하는 가장 중요한 태도는 집요한 노력과 진심 어린 소통이다. 그는 원하는 선수와 대화하기 위해 상대방에 관해 깊이 연구하고 끈질기게 접근해 마침내 계약에 성공한 경험을 갖고 있다. 무엇보다 중요한 건 사람 관계에서의 진정성이다. 에이전트로서 김동완은 계약을 맺은 선수뿐 아니라 누구든 한 번 관계를 맺으면 최대한 소통하고 도우려 노력한다.

언제든 얘기를 들어주고 진심으로 대하는 태도는 비단 스포츠 에이전트에게만 필요한 건 아닐 것이다. 당장의 성과에 급급하지 않으면서 관용과 인내심, 신뢰로 기다려주면서 격려하는 태도는 누구에게나 필요한, 하지만 실천하기는 쉽지 않은 덕목이 아닐 수 없다.

임승관은 인천 지역에서 시민문화의 활성화를 위해 오랫동안 애쓰고 있는 문화활동가다. 그가 이끌고 있는 '문화바람'은 처음에 그저 몇몇 사람이 모여 악기를 배우고 연습하는 소모

임으로 시작되었지만 지금은 버젓한 건물을 임대해 다양한 사업을 벌이는 규모 있는 단체로 성장했다. 문화바람의 성장은 곧 인천 지역 시민사회의 문화적 활력이 그만큼 성장해가는 과정이기도 했다. 문화바람이 지역 문화단체로는 이례적으로 그렇게 성장할 수 있었던 것은 시민들이 직접 운영에 참여하고 문화를 실천할 수 있도록 했기 때문이다.

문화바람의 지역 문화 활동은 크게 세 가지 씨앗을 만들어냈다. '공동체', '창조적 지역 거점', '사회 공헌'이라는 씨앗이다. 지역 내에서 사람들이 모여 함께 일하고 함께 축제를 만들어내는 과정에서 잃어버린 공동체가 복원되었고, 사람들의 일상이 얼마나 창조적일 수 있는가를 확인했으며, 그런 문화 활동이 사회적으로 의미 있는 성과를 낳는다는 것을 보여줄 수 있었다.

문화바람이 추구하는 것은 생활예술이다. 보통 사람들이 생활 속에서 문화예술을 직접 체험하고 향유하며, 나아가 창조할 수 있다면 삶의 질은 그만큼 향상된다. 사람들이 아무 생각 없이 쓰레기를 버리던 곳에 화단을 설치하고 주민들이 화초를 기부하고 자발적으로 꽃을 가꾸면서 쓰레기가 사라지는 경험은 지역의 삶이 작은 아이디어와 실천을 통해 변화할 수 있다는 것을 보여준 사례이다. 시민들의 자발성을 얼마나 이끌어내는가, 지역 문화 활동의 핵심은 거기에 있는 것이다.

'헬조선'이란 말이 유행한다. 지금 살고 있는 곳이 지옥이라고 하는 말이니, 생각해보면 끔찍한 일이다. 서두에서 말한 힐링의 세태는 그 끔찍한 현실에서 잠시나마 벗어나고 싶은 욕망이 만연해 있음을 보여주는 것일 게다. 하지만 헬조선의 현실이 마음의 힐링으로 고쳐질 리는 만무하다. 중요한 것은 헬조선의 원인이 되는 현실을 직시하고 문제 해결의 첫걸음을 과감히 내딛는 일이다.

소통을 통해 문제를 공유하는 것이 그 시작일 수 있다고 나는 믿는다. '매스컴 특강'은 기성세대와 젊은 세대가 함께 대화하고, 그렇게 문제를 공유하면서 문제 해결의 실마리를 찾아가는 과정일 수 있다고 생각한다. 우리 학생들을 위해 어려운 걸음을 해주고 뜻 깊은 강의를 해주신 강사들께 재삼 감사드린다.

김창남
(성공회대학교 신문방송학과 교수)

• 차례 •

제 1 강

마음 가는 대로
꿈꾸고 즐겨라

주진우

주진우

성균관대학교 국어국문학과를 졸업하고 2002년 시사저널에서 탐사보도 기자 생활을 시작했다. '시사저널 파업' 사태를 겪으면서 2007년 7월 시사저널을 떠났고 시사IN의 창립 멤버로 합류했다. 2011~2012년 팟캐스트 「나는 꼼수다」 패널로 활동했다. 청와대, 검찰, 조폭, 삼성 등에 관해서는 독보적인 탐사보도를 해오고 있다. 무수한 특종 보도와 의혹 제기로 인해 100여 차례의 고소·고발을 당했지만 모두 무죄를 선고받았다. 지은 책으로 『주기자의 사법활극』, 『주기자』 등이 있다.

　여기저기 강연을 다니다 보면 자주 받는 질문이 있습니다. 어떻게 그렇게 '주관 있는' 혹은 '소신 있는' 행동을 하며 살아갈 수 있냐는 것입니다. 어찌 보면 저는 멋대로 살아왔고, 살아가고 있습니다. 앞으로도 그렇게 살 것입니다. 그런 제가 이렇게 입을 뗄 수 있는 것은 누군가에게 본을 보이겠다는 의도가 있기 때문이 아닙니다. 훌륭한 사람을 만날 때에도 배움이 일어나지만 훌륭하지 않은 사람을 만나도 배움은 일어난다는 것, 그리고 누군가에게 제 삶이 '타산지석他山之石'이라도 되지 않을까 하는 마음을 위안 삼아 이렇게 입을 떼어봅니다.

　아마도 자신의 생각과 직업을 막 일궈나가는 30대와 20대, 그리고 자신의 소신이 굳지 못해 속상해하는 사람들에게도 제가 드리는 말씀이 조금은 도움이 될 것 같습니다. 제 특성상 조금 단도직입적이라고 느껴질지도 모르겠습니다.

내 인생의 주인공은 누구인가

흔히들 대학교만 오면 꿈과 낭만이 펄펄 차고 넘칠 거라고 생각합니다. 그렇지만 가보면 그렇지 않지요. 학점 따야지, 수업 들어야지, 옆 사람하고 경쟁해야지…… 고등학교 때와 똑같다고, 아니 더하다고 느껴질 수도 있습니다. 대학교를 졸업하고 대학원에 진학하거나 취직을 해도 똑같습니다. 「슈스케(슈퍼스타K)」처럼 큰 상금이 걸린 콘테스트에 나가 1등을 해도 크게 다르지 않습니다.

눈앞에 눈에 보이는 목표가 있으니 그것을 넘어서면 정말 모든 것을 얻을 수 있을 것만 같은데, 그 위에 올라서면 다시 또 다른 경쟁이 기다리고 있기 때문입니다. 나이를 좀 더 먹어도 상황이 달라지지 않습니다. 취직을 해서 10년 동안 그렇게 익히고, 배우고, 윗사람 눈치도 볼 줄 알게 되고, 자기 업무 실력도 키워보고, 그렇게 과장으로 부장으로 승진해도 자신이 속한 패턴에서 벗어나기란 어렵습니다. 곰곰 생각해보면 그 점은 조금 무시무시하게 느껴질 수도 있습니다.

저는 지금 이 글을 읽는 분이 대학생이든 직장인이든 '나는 나의 길을 걷고 있다', '내가 가고 싶은 길을 나의 방식으로 걷고 있다'라고 생각하는 분이 얼마나 될지 궁금합니다. 그리고 자신의 길을 주체적으로 헤쳐 나가는 삶이 무엇인지에 대해 한 번쯤 심사숙고해보시길 권합니다.

평생 주어진 상황에 수동적으로, 피동적으로 쫓아가다 보면 그 패턴에 갇혀버립니다. 자신이 원하는 직업을 얻었다고 합시다. 예컨대 변호사가 되었다고 해보겠습니다. 그렇더라도 자신이 '어떤' 변호사가 될지를 생각하지 않는 한, 그 삶은 바뀌지 않습니다. 기자나 방송 PD가 되었더라도 내가 만들고 싶고, 내가 걸어가고 싶고, 내가 꿈꾸는 프로그램에 대한 상이 없다면 좋은 직업을 가졌다고 말하기가 부끄러울 것입니다.

"너, 뭐가 되고 싶어?"라고 물어보면 아이들은 금방 대답합니다. 장군이요, 판사요, 변호사요, 회사원이요, 공무원이요. 이제 성인으로서 우리는 어떤 장군, 어떤 판사, 어떤 변호사, 어떤 회사원, 어떤 공무원이 되고 싶은지에 대답할 수 있어야 합니다. 어떻게 살면 좀 더 가치 있을까, 뭘 하면 내가 재미있게 내 삶의 주인으로 살아갈 수 있을지 생각해보아야 합니다. 직업 자체도 중요합니다. 하지만 그 직업에서 어떻게 살아가고 싶은지가 더 중요합니다.

제가 대학교에 다니던 시절이었습니다. 당시 동아일보에서 기자로서 노조위원장을 맡고 있던 분이 특강을 하러 왔습니다. 지금은 동아일보를 그만두고 정치권에서 일하고 있습니다. 누군가가 그에게 "신문사에 기자 말고 사무직으로 취직하는 것은 어떻습니까?"라고 물었습니다. 그러자 그는 묻는 말에 대답하지 않고 이렇게 말했습니다.

"뭘 하든 주인공이 되는 것이 좋습니다."

지금도 그 말이 제 마음속에 남아 있습니다. 우리는 자기 인생에서 모두 주인공입니다. 그런데 우리는 자기 인생의 주인공을 내가 아닌 다른 존재로 채우고 있는 건 아닌지 생각해보아야 합니다. 주인공은 자동적으로 이뤄지는 것이 아닙니다. 적지 않은 생각과 시간과 경험을 들여야 합니다.

마음껏 즐기는 사람이 이긴다

뒤돌아보면 저도 주인공이 되기 위해 '미생'으로 살던 때가 있었습니다. 많은 분이 제가 대학 시절에 무척이나 강직한 자세로 학생운동에 전념했을 거라고 여기는데 사실과 아주 다릅니다. 제 얘기를 들려드리겠습니다.

대학교 1학년 때 저는 5월 초까지 단 한 번도 강의실에 들어가지 않았습니다. 대학 입시에서 떨어져 재수하고, 한 번 더 낙

방한 뒤에 후기로 학교에 들어갔습니다. 그러고 나니까 '학교에 왜 가야 하지?', '대학을 다니면 뭐하나?' 하는 의문에 사로잡혔습니다. 강의실이 아닌 학교 잔디밭에 앉아 있다가 집으로 돌아가거나 친구를 찾아가는 날들이 이어졌습니다. '내가 이 길을 걸어가도 괜찮을까?' 하는 생각도 들었습니다. 공부를 하고 취직한 뒤 넥타이를 매고 출퇴근하는 사람들이 굉장히 슬퍼 보였습니다.

'그럼 뭘 해야 할까?', '내가 사람 구실을 하고 살 수 있을까?'와 같은 고민을 20대 중반까지 계속했습니다. 스물두 살 때까지 나 자신이 사람 구실을 하고 살지 못할 가능성이 높다고 생각했습니다. 어릴 때는 문제 아이였다가 중고등학교 때는 문제 청소년이었고, 이제는 문제 대학생이 되었기 때문입니다. 그런 만큼 문제적 어른이 될 가능성이 굉장히 높았지요. 그래서 '더 이상 이렇게 살아서는 안 되겠다'는 생각이 저를 압도했습니다.

뒤이어 '뭘 할까?'라는 질문이 따라붙었습니다. 정말 어려운 질문이었습니다. '무엇을' 할지 고민하는 건 쉽게 끝날 것 같지 않았습니다. 시간을 아무리 들여도 부족할 것 같았습니다. 그래서 '하자'에 초점을 맞췄습니다. 당장은 현명한 선택이 아니더라도 뭘 하는 게 나에게 자연스러울까 고민했습니다.

결국 나에게 재밌고 즐거운 일을 해보기로 했습니다. 클럽 DJ가 되어야겠다고 마음먹었지요. 일단 제게 즐거운 일이잖습니까? 다른 사람들에게도 즐거운 일이고요. 클럽 DJ를 해야겠다는 생각에 클럽을 정말 열심히 다녔습니다. 정말로요.

그렇게 한동안 그 일에 빠져 있었는데 어느 순간부터 생각이 조금 달라졌습니다. 나 혼자 즐겁게 살다 가는 건 괜찮은데, 뉴스를 보니 좀 이상했습니다. 한쪽에서 거짓말을 하고 있는데도 계속해서 표를 던져주고, 야당은 효과적으로 맞서지도 제어하지도 못하는 상황이었지요.

우리 때만 해도 4~5월이면 데모 때문에 선배들이 수업에 들어오지 않았어요. 그들도 자기 인생의 주인공인데 거리에 서 있었습니다. 수업도 안 듣고, 학점도 잘 받지 못하고, 학사경고를 받다가 제적당하고, 또 어떤 사람은 감옥에 가…… 그러면서도 그 길을 걸어가는 사람들을 보면서 저는 감히 그 대열에 낄 엄두가 나지 않았습니다. 저는 세미나 같은 것도 너무 싫고 선배들이 가르쳐주는 노래도 싫어서 학생운동 같은 데에는 가까이 가지 않았습니다. 그런데 그 사람들을 보면 미안한 마음을 떨쳐버릴 수가 없었습니다. 그렇게 저는, 즐겁게 사는 것도 좋지만 좀 더 사회적으로 가치 있는 일을 해야겠다고 생각하기 시작했습니다.

클럽 DJ로 사는 것도 어떤 이에게는 주인공으로 사는 길입니다. 다만 제게는 그렇지 않았던 겁니다. 즐겁게 느껴지는 일을 해보면 알 수 있습니다. 이것이 정말 나의 길인지, 혹은 그것보다 더 강하게 마음을 끌어당기는 또 다른 자석이 있는지 말이죠. 어떤 길이든 엄청나게 가치 있는 일이지요. 그래서 여러분께도 권합니다. 저는 후자였습니다. 사회적인 가치가 저를 이끌었습니다. 그것은 다 클럽을 열심히 다녔기 때문에 알게 된 것입니다. 그러니까 여러분, 즐거운 일에 자꾸 끌린다면, 더 하십시오.

자신의 분야를 즐기는 사람들은 저력이 있습니다. 그런 면에서 보면 빨리 시작하고 꿈꿔나가는 사람이 유리합니다. 서형욱이라는 축구 해설가가 있습니다. 그는 신문방송학을 전공했습니다. 운동과는 거리가 멀지요. 그런데 유럽에서 벌어지는 축구 경기를 굉장히 즐겨 보았습니다. 예전에 하이텔, 유니텔 동호회 때부터 유럽 축구에 대해 이야기하기 시작했습니다. 그렇게 지식이 쌓여갔고 눈이 키워졌습니다.

유럽 축구가 국내에서 인기를 얻기 시작한 건 그보다 조금 뒤입니다. 2002년 한일월드컵이 열렸는데, 당시에 유럽 축구에 대해 제대로 아는 사람이 없었습니다. 그래서 그가 해설을 맡았습니다. 한국에 축구 해설가가 없었던 건 아닙니다. 축구 선수 출신의 전문가가 없었던 것도 아닙니다. 대학교 때부터 자신이 좋아서 하나둘씩 쌓아놓은 그 지식을 다른 사람은 따라갈 수 없었던 겁니다. 이제야 서형욱보다 잘하는, 서형욱만큼 아는 사람이 하나둘씩 나오고 있습니다. 그 사람들도 처음에 그냥 좋아서 시작한 이들입니다.

좋아서, 자기가 좋아서 즐기면서 하는 일은 누구도 못 따라갑니다. 잘 생각해보십시오. 아마도 40~50년 뒤에는 우리나라의 평균수명이 100살을 넘어갑니다. 좋은 일이 아닙니다. 지금의 20대는 여든 살 이상까지 일해야 한다는 이야기일 수 있습니다. 자신이 미리 준비하지 않으면 굉장히 고통스런 노후를 맞게 될 수 있습니다. 여든 살까지 일하려면, 일찍이 자기가 좋아하는 일을 찾아 시작하는 게 좋습니다. '사는 게 그렇다. 인생이 그렇다', '어쩔 수 없지 뭐. 사는 게 원래 고행이야'라면서 고통스럽게 자신의 삶을 이어갈 것인지, 아니면 즐거운 일을 할 것인지는 여러분의 판단에 달려 있습니다. 노력을 해서 뭘 쟁취하라는 이야기가 아닙니다.

저는 '기자가 되고 싶다'라고 얘기하는 분들께 '다시 한 번 생각해보십시오'라고 말해줍니다. 제 옆자리에 있는 기자 이름은 송지혜입니다. 세월호 사건과 관련해 좋은 기사를 많이 쓴 기자입니다. 실무 면에서도 굉장히 뛰어납니다. 그 친구는 자신이 기자가 될 거라고 거의 확신했던 것 같습니다. 기자가 되려면 확신이 있어야 합니다.

기자가 되어 출세나 부귀영화를 누리겠다는 게 아니라 세상을 조금 밝게 만드는 데 도움이 되어야겠다는 확신을 가지고 시작해야 버틸 수 있습니다. 고문을 은폐하고 방조한 공안검사가 대법관이 되기도 합니다. 이 같은 세상의 부조리와 불합리를 맨 앞에서 맞닥뜨려야 하는 것이 기자입니다. 굉장히 고통스러운 일입니다. 기자의 일은 누구나 할 수 있습니다. 하지만 좋은 기자, 진짜 기자가 되는 일을 누구나 해내지는 못합니다.

사실 저는 기자가 되기를 원하는 분들께 PD라는 직업을 때로 권합니다. 기사가 주는 힘과, 영상이 보여주는 힘의 차이가 커지고 있기 때문입니다. '미디어 몽구'라는 블로거가 있는데, 그 친구는 비디오카메라로 현장의 장면을 찍어 간편하게 편집한 다음 인터넷에 올립니다. 그 어떤 기자보다도 훌륭하게 '기자 역할'을 해내고 있습니다. 납득하기 어려울 수 있지만, 꼭 기성 언론사에 입사해 월급을 받아야 기자가 되는 건 아닙니다. 미디어 몽구의 방식도 좋은 기자가 되는 하나의 길이 아닐까 생각합니다.

미디어 몽구의 방식이 앞서 말씀드린 서형욱 해설위원처럼 본인의 내공을 높이는 길임은 분명합니다. 그리고 기자가 되든 안 되든 방송 영상에 대해 공부해볼 것을 권하고 싶습니다. 솔직히 기자는 잘 권하지 않습니다. 갈 만한 언론사가 많지 않다고 생각합니다. 기자라고 부르기에 부끄러운 사람도 많습니다.

더 간절히 원하고 행동하라

제 친구 이야기를 하나 들려드리겠습니다. 이 친구는 중학교 1학년 때 부모님이 돌아가셨어요. 아버지가 돌아가시고, 6개월 뒤에는 어머니마저 돌아가셨습니다. 열다섯 살도 채 되지 않았는데 양친을 다 잃었지요. 그러자 삼촌은 이 친구를 소매치기로 키우려고 했습니다. 당시에 이 친구는 정말 앞길이 캄캄했습니다. 인생의 즐거움도 없고, 뭘 해야겠다는 생각도 없었습니다.

이 친구의 표현에 따르면 아버지가 생전에 소위 '한량'이었답니다. '007 영화'가 나오면 아버지는 백구두를 신고 양복 차림으로 아들 손을 잡고 영화관에 갔습니다. 그 영화를 봤던, 그 당시가 이 친구에게는 너무나 아름다운 추억으로 남아 있었어요. 그래서 영화관에 계속 드나들었습니다. 이전엔 인생의 낙이 하나도 없다고 여겼는데, 영화는 이 친구를 다른 인생 속에서 살게 해주었습니다. 동시 상영하는 영화관에 아침에 들어가 영화 두 편을 세 번 보면 하루가 다 가잖아요. 제 친구는 그렇게 영화관에 죽치면서 홍콩 영화가 나오기만을 바라는 소년이었습니다. 아무 생각도 없이 자기는 영화만 보면 좋겠다는 생각을 했습니다.

이 친구는 중학교 때도 그랬지만, 서울로 올라와 고등학교를 다닐 때도 아르바이트를 해야 했습니다. 구호단체 같은 데서 장학금도 받아야 했고요. 할머니, 어린 동생과 함께 살면서 영화를 보고 이런저런 흉내를 내보기도 했는데 말도 안 되는 그림을 그리고 시나리오를 쓰기도 했답니다. 겨우 학교를 졸업했지만 당장 먹고살아야 하는 형편이라서 이 친구는 20~30가지 일을 전전합니다. 그중에서 가장 오래 일했던 곳은 자동차 운전면허시험장이었어요. 시험장 근처에 가면 속성으로 빨리 합격하는 기술을 가르쳐주는 데 있잖습니까. 그런 곳에서 강사로 일했습니다. 불법인 만큼 그게 돈이 됐거든요. 제 친구는 면허증도 없었는데 거기서 강사로 일했던 겁니다.

그러다가 돈이 조금 모이면 영화관에 가서 '자기를 좀 써주세요'라고 말도 안 되는 얘길 하면서 그 길을 계속 걸어갔습니다. 친구는 중학교 때도 영화배우가 꿈이었고, 고등학교 때도 영화배우가 꿈이었어요. 근데 영화관에 가서 영화감독의 말에 모두가 따르는 것을 보니까 '영화감독이 진짜구나' 하고 생각하게 됩니다.

이 친구는 아르바이트를 해서 돈을 조금 모으면 영화판에 가서 스태프로 일했습니다. 그 일을 하면 1년에 100만 원도 못 버는데도요. 그런 식으로 하나씩, 둘씩 자기 꿈을 향해 걸어갔습니다. 정말 열심히 자신의 꿈을 이루기 위해 노력하니까 사람들이 예쁘다, 예쁘다 하기 시작했습니다. 궁금한 게 있어서 물어보면 감독도, 조명감독도, 옆 사람도 잘 대답해주고 가르쳐주었지요.

드디어 이 친구가 시나리오를 쓰더니 독립영화 한 편을 만들었습니다. 더 좋은 영화를 만들고 싶은 마음은 굴뚝같았지만 동원할 수 있는 사람과 자원이 너무 없었어요. 결국 자기 주변에 있는 양아치들을 모으고 동생을 데려다가 영화 한 편을 만듭니다. 그게 단편영화제에서 상을 받고 호평을 받았어요. 하여튼 그런 과정을 거쳐 드디어 이 친구가 영화를 맘껏 찍기 시작했어요. 그 사람이 류승완이에요.

조금 다른 방식으로 영화감독이 되겠다고 꿈꾸는 친구가 한 명 더 있어요. 이 친구는 아주 많이 배웠습니다. 대학교도 버젓하게 나오고 영화 학교도 나오고 유학 가서 학위도 받아왔어요. 영화에 대해 너무 잘 알지요. 영화를 하겠다는 의지도 꿩장히 굳건합니다. 근데 참 안타깝게도 항상, 항상 안 되는 겁니다. 20년 동안 안 됐어요. 제가 볼 때 류승완과 이 친구의 차이는 '누가 더 간절한가, 누가 더욱 절박하게 그 꿈을 꾸고 있는가'입니다.

앞서 잠시 말씀드렸습니다. '어떤' 변호사가 될 것인지가 중요하다고 말입니다. 일단 어떤 직업을 선택할 때에는, 그 길이 자기가 가고 싶은 길인지부터 생각해보는 것이 순서겠지요. 그런 뒤에는 그 길을 '어떻게' 걸을지, '왜' 그 길을 걸어야 하는지 생각해보아야 합니다. 삼성전자에 들어가 어떤 일을 하고 싶다는 꿈을 가질 때에도, 삼성 정도는 가야 이러이러한 내 꿈을 펼치고 무슨 일을 할 수 있다는 이유와 방향성을 가지고 가야 합니다. 그런 이유와 욕심이 있는 사람과, 어찌어찌하다 보니 그 자리에 가 있는 사람은 그 삶이 금세 굉장히 달라집니다.

:

내가 원하는 만큼, 희망은 가까이에 있다

:

매일 세상에는 수많은 사건이 일어납니다. 그런데 조선일보에서 바라보는 시선과 한겨레나 경향에서 바라보는 시선이 아예 다르다는 것을 모르진 않을 겁니다. 각자 자신들의 관점이 있기 때문이기도 하고, 자신들의 이익 때문이기도 합니다. '무엇이 우리한테 유리한가, 불리한가?'를 따지고 어떤 식으로든 사건에 색칠을 해서 자신들에게 유리한 구도를 만드는 것이 미디어입니다. 그래서 여러분, 언제 어디서나 가장 중요한 것은 '세상을 보는 나의 생각, 나의 창, 나의 철학'입니다. 미디어의 판단에 맡기는 게 아니라 말이죠. 20대, 30대에 세상을 보는 나의 창을 만들어놓아야 그 창으로 세상을 봅니다. 그 창을 가지고 세상을 살아갑니다.

가까운 사람, 먼 사람 가리지 않고 많은 이야기를 나누세요. 모든 사람에게는 나와 다른 점이 있는 만큼, 누구에게도 배울 점이 있습니다. 상대가 누구든 나 자신을 비춰볼 수 있는 거울이 되어줍니다. 주변 사람들과 많이 대화하고 많이 배우십시오. 술자리에도 많이 가고, 여행도 많이 가고, 책도 많이 읽으십시오. 그렇게 해야 여러분만의 창이 잘 만들어집니다.

세상에 중립이란 없습니다. 사람의 생각은 양팔 저울에 달아볼 수 있는 것이 아니며, 양팔 저울에 올려야 하는 대상도 아닙니다. 그래서 세상을 보는 창이 중요한 것입니다. 자신이 생각하기에 이것이 잘못되었다고 판단될 때, 그 생각을 중화시킬 필요는 없습니다. 중립에 대한 강박을 가질 필요가 없다는 말입니다.

다만 기자로서 저는 나름대로 선을 그어놓았어요. 예를 들어 어느 기업인이 몰래 연애하는 걸 비난할 생각은 없습니다. 하지만 그 애인이 기업 경영에 간섭하고 인사를 좌지우지한다면 큰 잘못입니다. 그게 저의 선이고 세상을 보는 저의 창입니다. 만일 그 선을 넘어선다면 저는 가혹한 판단을 거두지 않습니다. 게다가 저는 사건을 글로 써서 세상에 알리는 기자이니, 그런 제 생각을 정직하게 적어 공표합니다. 기자가 중립을 지킨다고 생각해보세요. 그 중립과 거짓, 왜곡은 다소 맞닿아 있지 않나요? 기자가 아닌 여러분에게도 마찬가지입니다.

다소 기울어져 있는 이 세상에서 아무리 약자들의 편을 편파적으로 든다고 하더라도 세상은 쉽게 바뀌지 않습니다. 저는 중립적이지 않아서, 약자에게 편파적이어서 그들 대신 힘 있는 사람들을 비판하고 일을 올바르게 되돌리려 할 수 있습니다. 이것이 가난의 길과 같은 길은 아닙니다.

제가 시사저널에 있을 때 이건희의 삼성을 비판하는 기사를 썼다가 사측과 싸우게 되었습니다. 기자들이 모두 해고되었습니다. 그 기자들이 나와 시사IN을 창간했습니다. 지금, 시사저널보다 시사IN의 독자가 세 배 많습니다. 업계 1위입니다.

그렇습니다, 중립이란 없어요. 어떤 사안에 대해 '이쪽은 이렇게 말했는데, 저쪽은 저렇게 말했다'라고 추를 맞추려 하는 것도 공평이라는 가치와 전혀 비슷하지 않다고 생각합니다. 어디에 있든 자신에게 할당된 힘과 영향력이 있습니다. 그 자리에서 어떤 가치를 수호하며 일을 해나가는지는 자신의 '중립적이지 않은' 주관에 달려 있습니다. 저는 그런 방식으로 가능한 한 약자 편에 서려고 합니다.

내용을 정확하게 알면 거기서 생각이 나옵니다. 정확히, 자세히 모른 채 무작정 생각하면, 이내 그 생각을 소신이라 밝혔을 때 낯 뜨거워지는 상황이 분명 생길 겁니다. 그저 '네이버 뉴스'에서 기사를 몇 개 읽거나, 아니면 포스팅만 몇 개 대강 읽어보는 사람들의 습관을 아는 큰 조직들 때문에 대중의 의견이 이리저리 호도되기도 합니다.

저는 이게 선과 악의 차이, 있고 없고의 차이가 아니라 앎과 모름의 차이라고 생각합니다. 세월호 사건에 대해 짧게 얘기해보겠습니다. 우리나라가 그렇게 후진국도 아닌데, 이런 큰 참사가 났는데 어떻게 이런 일이 벌어졌는지 알아보는 건 자연스러운 일입니다. 유가족들이 울고 있으면 그 사람들을 데려와 다독이고, 밥도 먹이고 살도록 해줘야 하는 게 인간 된 도리가 분명합니다. 근데 그렇게 생각하지 않으려는 사람들이 있습니다. 각자 생각은 다르지만 제가 이야기하는 건, 이분들이 아예 보지도, 알려고도 하지 않는다는 것입니다. 맹목적이라는 말입니다. 그런 사람들이 적지 않습니다. 특히 20대 여러분 중에 혹시 이런 분이 있다면, 얼른 그런 습관을 고쳐야 합니다. 가장 빠른 때입니다. 주변에 그런 친구가 있다면 얼른 도움의 손길을 내밀어주어야 합니다. 몰라서 그렇다면 깨우치게 하고 알려줘야 됩니다.

분명히 이것은 선과 악의 문제라기보다 기본의 문제이고 인간됨의 문제와 맞닿아 있습니다. 저는 팽목항에 가서 그분들을 보고 오면 며칠 동안 앓아눕게 됩니다. 제게도 그렇게 고통스러운데, 본인들은 오죽하겠습니까? 근데 그분들한테 손가락질하는 건 인간됨의 문제입니다. 무지가 인간됨의 문제를 낳는 거지요. 그래서 좀 알려줘야 합니다.

'세상이 점점 나빠지고 있다는 게 느껴지니까 스스로 좌절감과 분노를 느낀다'라는 말을 듣곤 합니다. '더 이상 사회문제에 관심을 갖는 것 자체가 무섭다'라는 말도 듣습니다. 그러면 좀 작게 외치십시오. 조금 더 두려워지면 마음속으로만 외치셔도 됩니다. 저도 똑같습니다.

그럼에도 불구하고 역사는 진전합니다. 물론 지금 이 땅의 기득권들의 프레임은 더욱 강력해지고 있습니다. 그 수많은 악재 속에서도 그들은 선거를 신바람 나게 밀어붙입니다. 그래서 우리 사회에 희망이 있는지, 정말 우리 사회의 미래가 있는지 불안할 겁니다. 저도 그렇습니다.

그렇지만 희망을 볼 만한 구석은 여전히 많습니다. 언뜻 보면 큰일이 많은데도 사람들은 분노를 표출하지 않는 것 같습니다. 분노가 다 꺾인 것처럼 보입니다. 하지만 분노가 사라지는 게 아니라 가슴속에 하나둘씩 쌓여간다고 생각합니다. 걱정하는 여러분의 마음속이 그렇듯, 다른 분들의 마음속도 마찬가지일 겁니다. 그렇게 사회 밑바닥에 쌓인 분노가 역사를 진전시킬 겁니다. 그래서 저는 희망을 봅니다.

'일베(일간베스트)' 같은 사람들은 언제 어느 시대나 있었습니다. 서북청년단도 마찬가지입니다. 그럼에도 역사는 진전해왔습니다. 과거의 어떤 암울한 시대에서도 그랬듯, 지금도 우리 눈에 잘 보이지 않을지라도 많은 희망의 꽃봉오리가 터지고 있다고 확신합니다.

4·19 때 우리나라를 민주화시킨 주역은 고등학생들입니다. 3·1운동 때 만세 운동을 했던 사람들은 중학생과 고등학생입니다. 그들은 그때 어떤 생각을 했을까요? 1970년대와 1980년대에 우리나라의 민주화를 불러일으킨 세력도 고등학생과 대학생이었어요. 그때 대학생들이 공부 안 하고 데모하러 가면 감옥에 간다는 걸 몰랐을까요? 고등학생들이 바깥에 나가면 총 맞을 수 있다는 걸 몰랐을까요? 알면서도 갔어요.

자기가 주체적으로 자기 길을 걸어가서, 역사가 바뀐 겁니다.

그러니 잘 보자고요. 잘 보고 힘 잃지 마십시오. 바꿔가야지요. 구조적으로 진전을 이뤄내려면 투표뿐입니다. 그때까지는 그냥 좀 놀면서 쉬기도 하고, 그러다가 나서서 함께 싸우기도 하고 다시 할 수 있습니다. 잘되리라 믿습니다. 잘되어야지요.

말이 길어졌습니다. 저는 김대중 전 대통령이 취임하기 전에 대학생 신분으로 그분의 연설을 들었습니다. 사람들도 많이 왔죠. 그때 들은 이야기 중에 자기는 '꼭 대통령이 돼야겠다, 이 사회를 위해서'라는 말만은 또렷이 기억납니다. 그 당시 언론에서는 대통령 병이 걸렸다며, 정계 은퇴했는데 다시 복귀했다며 계속해서 그분을 비난했습니다. 그럼에도 불구하고 그분은 자기가 무엇이 되겠다는 의지를 확고히 갖고 있었습니다.

그 모습을 보고 저는 '저분은 지치지도 않고, 욕먹는 것도 두려워하지도 않고 그냥 계속해서 자신이 하고자 하는 것을 하는구나'라고 생각했습니다. 저도 여러분께 그런 모습으로 비춰지고 있을지는 차마 잘 모르겠습니다. 하지만 저도, 여러분도 그분의 소신 있는 모습을, 그런 삶을 묵상하고 자신의 삶 안으로 끌어들여야 한다고 생각하는 마음은 여전합니다.

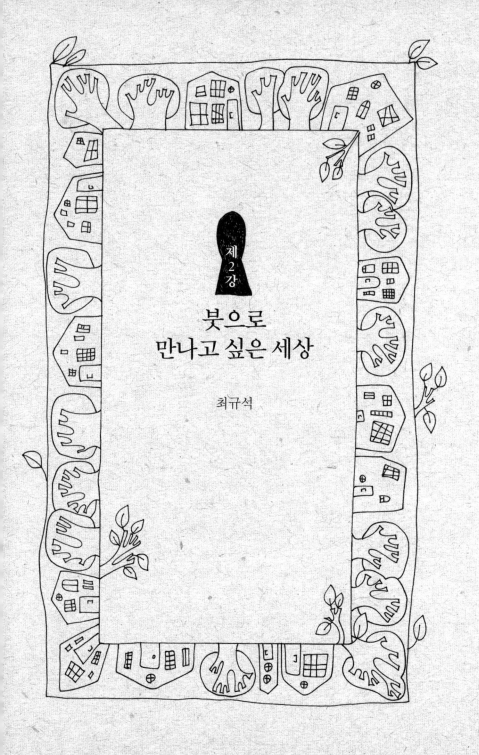

제 2 강

붓으로
만나고 싶은 세상

최규석

최규석

상명대학교 만화학과를 졸업하고 1998년 서울문화사 신인만화공모전으로 데뷔했다. 서울 국제만화애니메이션축제 단편상, 대한민국만화대상 우수상, 부천만화대상 대상, 한국출판문화상 아동청소년 부문 대상, 오늘의 우리만화상 등을 수상했다. 대표작으로 「공룡 둘리에 대한 슬픈 오마주」, 「습지생태보고서」, 「대한민국 원주민」, 「100도씨」, 「울기엔 좀 애매한」, 「지금은 없는 이야기」, 「송곳」 등이 있다.

　얼마 전 드라마로 방영된 「송곳」이라는 작품 덕분에 저를 알아보고 이해해주는 분이 많아졌습니다. 언론과 독자들은 저와 제 작품에 '개념'이라는 수식어를 붙여 '개념 만화가', '개념 웹툰'이라고도 부르고요. 그런데 죄송스럽게도 저는 이런 표현들에 거부감을 가지고 있습니다. 기대와 조금 다르게 느껴질 수도 있겠지만 저는 만화를 만화 자체로 보지 않고 도구로 보는 시각을 좋아하지 않습니다. 저는 우리 사회의 노동문제를 해결하기 위해 만화를 그린 것이 아닙니다.

　사람의 삶이란 매우 복합적이고 복잡한 구조 안에 놓여 있지요. 자연스러운 삶의 모습과 그 안에 담긴 세태의 진실을 요약적으로 드러내는 서사와 인물을 창작해야 하는 저는 만화가로서 인간이 사회 속에서 맞닥뜨리는 모습들을 외면할 수 없습니다. 「송곳」에서는 노동이라는 사회구조 속에 놓인 인간을 그렸습니다. 제 작품의 사회적 효용과 별도로, 제가 작품을 그런 의도는 그 정도라는 말씀입니다. 그 이상도 이하도 아닙니다.

저는 우리 사회의 수많은 사람 중 한 명입니다. 그런 입장에서, 일개 사회적 인간으로서 '자연스러운' 사회성과 의무감이 무엇인지에 대해 제가 가지고 있는 생각을 말씀드리고자 합니다. 이것은 어떤 사회적 책임감도 벗은 채로 드리는 개인적인 소견입니다. 그런 만큼 만화가로서의 제 삶에 대해 자주 받는 질문들에 대해서도 답해보려 합니다.

강요당하는 정의는 위험하다

제가 그렸던 「100도씨」라는 만화의 첫 부분에서 주인공 영호가 책임감과 정의감 사이에서 고민하기 시작합니다. 말을 조금 현실적으로 바꾸자면, 사람들은 자신의 일상적 행복과 정의감 사이에서 무엇이 더 중요한지에 대해 고민하는 순간이 적지 않습니다. 사람들이 보통 책임감이라는 이름으로 여기는 것들은 대개 실체가 없는 가짜인 경우가 있습니다. 실체가 없는 책임감인 경우가 많다는 것입니다. 일상적 행복과 정의감의 우열을 가릴 수는 없다고 생각합니다. 실제 상황을 들어 말씀드린다면 이렇습니다.

만약 개인적으로 후배가 찾아와 인생에 대한 고민을 털어놓는다면 저는 가장 보수적인 조언을 해줍니다. 잘되어야 한다, 네가 살아남아야 한다는 대답 말이지요. 그런데 청중 앞에 설 때에는 그런 말을 하기 어렵습니다. 사회구조에 대해 이야기한다고 해도 각자의 사정을 지닌 개인들이 할 수 있는 것은 거의 없습니다. 허황된 이야기가 되기 십상입니다. 저는 그런 고민을 많이 합니다.

정의감이라고 불리는 것은 보통 이념 형태를 띠고 있는데, 이념은 패키지화되어 있는 경우가 정말 많습니다. 세분화되어 있지 않아요. 한 가지 정의를 선택했다면 거기에 따라오는 여러 가지 것을 모순 없이 선택해야 한다고 여기는 게 보통입니다. 가령 노동운동가들의 인터뷰를 살펴보면 이런 부분이 있습니다.

"집회에 가보니 아저씨들이 목에 금목걸이를 걸고 있더라. 환멸이 느껴지더라."

근데 그것을 보고 왜 환멸을 느낄까요? 집회에 온 동지가 금목걸이를 한 것과 환멸감은 어떻게 연결되는 것일까요? 대부분의 사람들에게는 이 두 가지가 자연스럽게 연결됩니다.

예전에 '운동권'이라 불리던 그룹에서는 자판기 커피도 못

마시게 하는 경우가 있었습니다. 미제의 똥물이라는 표현이 따라붙으면서 말이지요. 내가 한국 사회의 발전을 위해 하나의 귀중한 노력을 하는 것과 자판기 커피 한 잔을 마시는 것이 어떻게 대치되는 행동일 수 있습니까? 물론 대치되는 행위도 간혹 있습니다.

사실 이런 부분이 굉장히 많다고 설명하는 그 논리도 이해되기는 합니다. 하지만 이것들을 하나의 세트로 엮어 정의에 관련된 하나의 일을 하려면 이 모든 것을 받아들여야 한다는 강요가 있어서는 안 됩니다. 사회정의를 이루기 위한 수많은 실천의 연결 관계를 명확히 보여주고, 그중 어느 한 군데라도 발을 걸치고 있다면 당신은 괜찮다, 당신은 괜찮은 사람이다, 라는 생각을 많은 사람들이 지녀야 합니다. 패키지화된 이데올로기를 조심하고, 지금 나를 지키면서 정의를 세우는 데 내가 얼마나 노력할 수 있는지를 가늠하고 서로 납득할 때 이런 노력이 유지될 수 있기 때문입니다.

그러지 않으면 굉장히 위험해질 수도 있습니다. 개인의 삶뿐만 아니라 사회도 말이지요. 패키지로 정의감을 받아들이면 타인의 고난을 간과하게 됩니다. 그래서 조심해야 합니다. 용감하지 않은 장삼이사들의 삶을 지키며 사회를 나아가게 할 수 있어야 합니다.

50

「송곳」은 제가 데뷔하고 처음으로 한 권이 넘어가는 장편 만화였습니다. 흑백이고 웹툰으로 처음 그렸습니다. 시대적 배경은 2000년대 초반인 2003년입니다. 대형 마트의 노동조합을 조직하는 과장을 중심으로 펼쳐지는 이야기입니다. 사실 만화뿐만 아니라 많은 창작 장르에서 노동문제, 노동조합 문제는 비대중적인 소재입니다.

작품의 주제, 즉 어떤 사회적 메시지는 생각하려고 하지 않았습니다. 별로 다뤄지지 않는 낯선 소재이다 보니, 이 소재가 대중 예술 장르 내에 잘 안착될 수 있으면 좋겠다는 생각은 했습니다. 자칫 작품의 주제 의식을 부각시키다 보면 그 부분을 놓치게 될 게 뻔하다고 생각해서 최대한 보통 만화처럼 작업하려고 노력했습니다. 실제로 제가 작업 초반에 정했던 기본 아이디어는 '늙고 병든 남자가 타인을 위해 죽도록 고생한다'였습니다. 그 아이디어를 구현하기 위해 스토리를 잡다 보니 자연스럽게 노동운동으로 이야기가 뻗어나갔습니다. 그렇게, 노동운동이 힘들다는 이야기를 하게 되었습니다.

주인공인 이수인 과장 캐릭터는 과거 이랜드 일반노조위원장이었던 김경욱 위원장님을 모델로 삼았습니다. 지금 그분은 평범한 규모의 회사에서 평범한 직급으로 일하고 있습니다. 작품을 위해 인터뷰를 진행할 때 김경욱 위원장님도 항상 그 얘기를 했습니다. '힘이 든다'라는 것을 분명히 알려줘야 한다고 말이지요. 이것이 어떻게 힘든지를 구체적으로 아는 상태에서 첫걸음을 떼야 한다고, 잘 모르는 상태에서 나서면 쉽게 깨져나가기 때문에 자세히 알고 시작해야 한다고요. 위기가 닥쳤을 때 당황하고 안타깝게 포기하지 않으려면 큰 틀에서라도 대충 상황이 어떤 식으로 돌아가는지 알고 있어야 한다고도 말씀하셨지요.

실체가 모호한 책임감과 소외되는 삶

앞서 언급한 '실체가 없는 책임감'에 대해 조금 더 얘기해보겠습니다. 일상적인 예를 들자면 이런 것입니다. '내가 결혼해야 아버지가 기뻐하실 텐데', 아니면 친구 사이에서 '네가 어떻게 나한테 그럴 수 있어!'라고 하는 대부분의 일들 말입니다. 나 자신이 진심으로 납득할 수 있어야 책임입니다. 상대방의 무모한 기대와 나의 책임은 서로 다른 것입니다.

그런데 '네가 나랑 더 친한데 그때 내 편을 들었어야지, 왜 쟤 편을 들었냐'와 같은 종류의 문제에 책임의 불이행을 들이대는 건 부적절합니다. 결혼하면 애를 낳아야 하고, 대학을 졸업하면 취직해야 하고, 취직하면 차도 사야 하는 것도 마찬가지입니다.

우리에게는 살아가면서 완수해야 할 임무가 끝없이 주어집니다. 그 임무들을 처리해내지 못하면 책임을 다하지 못한 인간이라는 스트레스와 불안감에 시달립니다. 부모님들 사이에 이런 말이 있다고 들었습니다.

'장가를 안 간 아들이 있으면 칠순 잔치를 할 수 없다.'

칠순 언저리인 분들은 모두 알고 있는 상식이랍니다. 물론 이런 것들에서 벗어나기는 굉장히 힘듭니다. 왜냐하면 삶에서 우리가 갖게 되는 행복감과 같은 것들이 이 위계 안에서 상당히 많이 발생하기 때문입니다. 그 임무를 완수했을 때 어머니가 기뻐하는 모습, 내 아내가 기뻐하는 모습, 내 친구들이 기뻐하는 모습에서 행복감이 충족되기 때문에 그것에서 벗어나기란 굉장히 힘들지요. 벗어나라고 강요할 수도 없습니다. '벗어나지 못한 사람은 바보다'라고 도저히 비난할 수 없습니다. 하지만 그 임무들을 수행해가고 있는 것이 틀리지 않은 만큼 제나름의 뜻으로 그것에서 벗어나는 일도 옳습니다. 저는 그렇게 얽매이지 않는 것이 중요하다고 생각합니다.

그래서 임무 수행 여부에 따라 생겨나는 자신의 스트레스를 관찰해야 합니다. 그 임무를 스트레스로 여기는 이유를 다시

한 번 생각하고, 그 상황을 다시 판단하고 결정해야 합니다. 사회가 보여주는 간단한 위계적 삶에 들어갈 때에도, 그 위계에 적극적으로 속하려 하는 것과 그냥 따라가는 것은 분명히 다릅니다. 누구나 어느 순간부터 그 위계에 얽히지 않은 종류의 행복을 발견하게 됩니다. 그것을 중심으로 자기 인생에 조금 더 집중할 수 있습니다. 그런 습관을 들이다 보면 삶도 점점 더 그쪽으로 맞춰져갑니다. 위계에 계속 꽂아 넣으려는 사람 앞에서도 주눅 들지 않습니다.

내가 동의하지 않은 의무들에 아무런 생각도 하지 않고 따라가는 건 굉장히 무서운 일입니다. 그런 태도는 우리를 자신의 삶에서 소외시킵니다.

예를 들어 별생각 없이 옷을 입고 다니는데 어느 날 갑자기 "넌 왜 옷을 그따위로 입고 다니니?"라는 말을 듣고 그때부터 옷차림에 신경 써야겠다는 강박감에 사로잡혔다고 해봅시다. 그 생각에 사로잡혀 자신의 삶의 모습을 수정하고 난 뒤에는 제 기준에 맞지 않게 옷을 입은 타인을 보면 무시하는 태도를 자연스럽게 취하게 됩니다. 자신이 가지고 있는 가치의 우열은 그 사람 전체와 다르지 않은데, 그것을 내가 공들여 만들지 못하게 되는 겁니다. 옷은 곱게 입었을지 모르지만 생각만큼은 누덕누덕 기워 입게 되는 셈이지요. 그러다가 나 자신의 판단이 중요해지는 순간이 운명처럼 갑자기 찾아오면 발가벗겨집니다. 그러면 삶의 충만함, 행복감과는 거리가 멀어지게 됩니다.

:

당당하게, 늘 그 자리에 서 있는 존재

:

제가 생각하는 아버지 상이 있습니다. 저는 아버지가 매일같이 싸움하고 옷에 피가 묻어 들어오고, 엄마도 때리는 가정에서 자랐습니다. 제 아버지가 정말 나쁜 가장입니다. 돈을 제대로 벌어본 적도 없습니다. 아버지를 무척 비판하며 자랐습니다. 그런 와중에도 아버지에게서 긍정적인 영향을 받은 게 있습니다.

제 아버지는 늘 당당했어요. 누구한테도 머리를 숙이지 않았습니다. 아버지는 초등학교도 졸업하지 못했고 평생 육체노동을 했습니다. 아파트 경비로 일하기도 했습니다. 동네에서 잘나가는 그 아파트에는 교수님도 있고 판검사도 있었습니다. 그런데 아버지는 늘 경비실에서 아파트 주민들과 담소를 나누고 있었어요. 주민들이 안줏거리를 만들어 와서 경비실에서 함께 술을 마시곤 했는데 항상 당당하게 대했습니다.

어릴 때 아버지가 들고 다니던 연장 가방이 있었는데, 그 안에 해머가 들어 있었어요. 굉장히 큰 해머였는데 다른 친구들, 아버지가 의사인 친구들이 타고 다니는 고급 차도 좋아 보였지만 저는 제 아버지의 해머가 더 멋있어 보였습니다. 그러다보니 '아, 우리 아버지 정말 멋지다! 힘도 세고'라는 생각이 들었고요. 아버지의 단점은 정말 수없이 많았지만 그런 면이 저를 낙천적인 사람으로 만들어주었어요. 불안감 없이 자라게 해주었거든요.

'저 사람은 항상 나쁘지만, 갑자기 더 나빠지진 않을 거야', '저 사람은 언제나 똑같은 사람일 거다'라는 기준이 머릿속에 딱 박혀 있었습니다. 아버지의 단점이 제게 대물림되지는 않았습니다. 그런 측면에서 볼 때 아버지는 제게 좋은 영향을 많이 미쳤습니다. 저도 제 아이에게 강한 사람으로 보이면 좋겠습니다.

이건 좀 구닥다리 같기도 하지만, 아버지라는 이미지는 고전적인 신의 이미지와 무척 비슷한 면이 있습니다. 신은 화를 내기도 하고 딱히 선하지도 않습니다. 상대를 죽이고 벌주지만 굉장히 강력하고 일관되고 한군데에 가만히 있습니다. 그것이 주는 근원적인 안정감이 있는 것 같습니다. 저는 폭력적인 아버지와 아주 거리가 멀지만, 제 아이가 저에 대해 이렇게 느끼면 좋겠습니다.

'굉장히 안정적이고 일관된 사람이다. 저 사람은 항상 저기 있을 것 같다. 나한테 돈을 안 줄지도 모르지만, 어쨌든 간에 항상 저 모습으로 있을 것 같다.'

대한민국에서 만화가로 살아간다는 것

저는 노력형 만화가입니다. 아주 어릴 때부터 만화가를 목표로 마구 달려오진 않았습니다. 어릴 때 집에 비디오 데크가 있었다면 다른 길로 갔을지도 모릅니다. 주위에 저와 성향이 비슷한 친구들이 영화 쪽에서 일하는 걸 보면 영화에 더 가까운 인간이 되었을 수도 있겠다는 생각이 듭니다.

우리 집에는 비디오가 없었기 때문에, 매일같이 친구들의 만화책을 빌려다 봤습니다. 그게 제가 접하는 최첨단 문화였습니다. 제가 자라던 시절에는 공장에 다니면서 야간학교를 다니는 여고생들도 항상 책을 끼고 다녔습니다. 프로이트라든가, 아니면『홀로서기』같은 시집을 누나들이 액세서리처럼 차고 다녔기 때문에 집에 소설책이 많은 편이었습니다. 『가시나무』,『대지』…… 뭐 이런 것들이지요. 그래도 그림에 조금 재능이 있었고 이야기를 상상하는 것도 좋아했습니다. 그러다 보니 만화를 그리게 되었습니다.

제가 대학에 들어갈 때 처음으로 만화학과가 생겼고, 그때 만 해도 만화가가 되겠다는 생각은 없었습니다. 벌써 20여 년 이 지났네요. 뭐든 처음 하는 일에 들어가는 사람들은 조금 쉽 게 다음 길로 진입할 수 있지 않습니까? 그래서 사실 '아, 내가 저길 가면 먹고살기가 어렵진 않겠구나' 하는 기대로 만화학 과에 발을 들여놓았습니다.

그림을 꾸준히 그렸습니다. 학교에 다니면서 용돈을 벌기 위해 공모전에도 많이 참여했습니다. 친구들 사이에서도 인정 받고 싶었습니다. 그런데 주변에 비슷한 영역의 사람들끼리 모여 있으면 아무런 의미도 없는 걸 두고 경쟁적으로 몰입하 는 경향이 있습니다. '저 친구는 스케치가 나보다 조금 낫다', '이 친구는 나보다 세밀하게 그릴 줄 안다' 하는 부분들, 그러 니까 독자들에게는 크게 중요치 않은 부분에 매몰되고 쓸데없 는 경쟁의식 때문에 끝없는 불안감에 시달리게 되는 것 같았 습니다.

그 불안감을 한 번에 해소하는 길은 큰 대회에 나가 상을 받 는 거라고 확신했습니다. 그러고 나면 조금은 내 스타일대로 대충 스케치해도 괜찮고, 조금 덜 세밀해도 '저 사람은 상을 받

은 사람이기 때문에 건드릴 수 없다'라는 확고한 위치를 확보
할 수 있다고 생각했지요. 친구나 선후배에게 참견받기 싫어
서요. 그러다 보니 어느 순간 만화 외엔 할 줄 아는 게 없어졌
습니다. 관련 업계에 취직도 안 돼요. '저 사람 상 받았잖아. 왠
지 연봉도 많이 부를 것 같고……' 우스갯소리지만, 그래서 어
쩔 수 없었던 면도 분명 있습니다.

　사람이 직업을 선택하지만, 생각해보면 선택당하는 면도 있
는 것 같습니다. 대학이나 회사만 봐도 그렇습니다. 물론 내가
지원하지만, 내 상황에 맞는 곳으로 가게 되었다면 삶에 선택
당했다고 해석할 수도 있을 듯합니다. 인간은 어쩌면 아주 사
소하고 자그마한 선택을 하며 살아가는 것 같습니다. 다만 그
선택의 기회와 갈림길이 무엇인지 정확히 알고 정말 주체적으
로 선택하는 것이 인간으로서의 소임이라고 생각합니다. 직업
의 길에서는 더욱 그렇습니다.

　만화가라는 직업은 정말 쉽지 않습니다. 웹툰이라고 다르지
않습니다. 한 회가 10페이지쯤인데, 1주일 만에 만들어야 합니
다. 그러면 하루 동안 시나리오 쓰고, 그다음 날 콘티를 짜고,
그다음부터 작업에 들어갑니다. 그리고 1주일이 딱 끝나는 시
점에 완성됩니다. 늘 촉박합니다. 작가들은 거의 대부분 쉬는
시간이 없습니다. 집에도 못 갑니다. 저는 결혼하고 나서 퇴근

하기 위해 한 회 분량을 10페이지에 맞추기로 타협한 겁니다. 그런데 한 회에 10페이지 분량이면 이야기를 완결 짓기가 굉장히 어렵습니다. 한 회에 14페이지 정도는 되어야 합니다. 윤태호 작가의 「미생」은 한 회에 14~16페이지였습니다. 그래야 하나의 이야기가 짧게나마 마디가 지어집니다. 10페이지는 굉장히 어색하게 잘리기 쉽습니다. 윤태호 작가는 퇴근을 안 하죠. 1주일 동안 두 번 정도 자고, 수면 시간이 1주일에 20시간이 넘지 않는다고 했습니다.

만화가의 노동량은 상상을 초월합니다. 가족들이 실제로 보면 울기도 합니다. 보기 힘들어 합니다. 만화가들이 힘들게 일하고 있다고 말하면, 정말 쉴 틈 없이 일만 하는 겁니다. 만화가들이 여덟 시간 동안 일한다고 하면 정말 여덟 시간 동안 손에서 펜이 안 떨어지는 거예요. 보통 여덟 시간 일했다고 하면 도중에 다른 것도 하는데, 만화가는 여덟 시간 동안 일만 합니다. 밥 먹으러 나가지도 않습니다. 못 나가요.

사실 전후 일본이 아니었으면 이런 노동 형태는 태어나지 않았을 거라 생각합니다. 전 세계 어디에서도 이렇게 작업하는 문화권이 없습니다. 망가(일본풍의 만화)가 전 세계를 장악한 지 이렇게 오래되었는데도 망가와 같은 속도로 이런 퀄리티를 뽑아내는 작가들은 일본과 한국밖에 없습니다. 일본에서도 이게 도입될 때 말도 안 되는 것이라고 했습니다. 잡지를 월간 대신 주간으로 내면 네 번 판매할 수 있으니까 한 번만 해보자고 한 일이 어떻게든 되어버린 겁니다. 한번 시작하면 어쩔 수 없지요.

처음 웹툰이 생겼을 때는 다들 개그 만화를 그렸습니다. 그때는 '웹툰' 하면 짧은 길이의 만화라고 생각했습니다. 그러던 중에 강풀이라는 만화가 나타났어요. 강풀은 한 번에 160컷씩 넣었습니다. 몸을 던져 넣은 것입니다. 그렇게 강풀이 성공하고 나자 다른 작가들은 따라가지 않을 수 없었습니다. 그나마 잡지는 할당된 페이지 수 있습니다. 그런데 웹툰은 넣고 싶은 만큼 넣을 수 있지요. 몸을 더 던지면 더 넣을 수 있어요.

데즈카 오사무 시절만 해도 그게 가능한 그림 스타일이었습니다. 어쨌든 죽을 것 같긴 하지만 가능했는데, 1980년대 들어 오토모 가츠히로가 등장하면서 그다음부터는 그가 기준이 되었습니다. 인생보다 일을 중시하는 세계관도 만연합니다. 한국도 일본의 영향인지 그런 사람이 적지 않습니다. 종소리를 위해 아기를 집어넣은 옛이야기, 도자기를 잘 굽기 위해 자신이 들어갔다는 이야기 등에서는 그런 삶의 태도를 숭고하게 여깁니다. 데즈카 오사무도 말했습니다. 죽어서 쉴 건데 뭘 자꾸 쉬냐고요.

특별히 롤모델로 삼고 있는 작가가 있느냐는 질문을 받곤 합니다. 사실 없습니다. 저는 개인에 대한 관심이 없는 편입니다. 작가의 작품에서 어느 게 좋다 하면 그걸 배우는 편입니다. 롤모델로 삼으려면 그 사람의 궤적에 관심이 있어야 하는데, 저는 어떤 작품에서 작가라는 사람에게로 관심이 잘 옮겨가지 않습니다.

사실 어릴 때 어떤 작품을 보고 감명을 받느냐에 따라 그 사람의 훗날이 결정된다고 믿습니다. 현재 고생하고 있는, 퀄리티에 집중하는 남자 작가들은 거의 모두 어린 시절에 퀄리티가 굉장히 높은 작품을 많이 봤습니다. 특히 제 세대의 작가들이 그렇습니다. 「아키라」가 있던 시절입니다. 1980년대, 1990년대 애니메이션은 지금 봐도 좋은 작품이 많습니다. 당연히 3D로 보이지만 모두 직접 그린 것들입니다. 그 시절의 만화를 좀 본 작가들은 그런 작품들을 모델로 삼으려 합니다. 그래서 굉장히 고민이 많습니다.

고전 중에서 하나만 뽑으라면 저는 「핑퐁」을 꼽습니다. 마츠모토 타이요의 탁구 만화인데 아주 재밌는 작품입니다. 「슬램덩크」의 딱 반대쪽에 서 있는 안티 스포츠 만화입니다. 「슬램덩크」의 채치수는 "이건 취미가 아니야"라고 말하는 캐릭터지요. "그래 봤자 동아리 활동인데 왜 그렇게 열정적이야?"라는 말에 채치수는 화를 냅니다. 이것이 일본 만화의 전형입니다. 그런데 「핑퐁」에 등장하는 굉장한 천재는 '탁구에 인생을 걸다니'라는 생각부터 합니다. 탁구에 인생을 거는 사람들을 보면서 '재는 왜 저러는 거지?'라고 생각합니다. "열심히 하는데 나는 왜 안 되는 거야"라고 말하면 "재능이 없어서 그런 거야"라고 얘기해주는 독특한 만화입니다.

최근에 나온 만화 중에서는 「빈란드 사가」를 좋아합니다. 바이킹이 북아메리카로 넘어가는 이야기인 듯한데, 주인공이 노예의 삶을 살며 살인귀에서 철학자가 되어가는 중입니다. 아마도 나중에는 '이 세상이 왜 이런가?'라고 고민하다가 사람들을 이끌고 북아메리카로 넘어가지 않을까 싶습니다. 북아메리카로 바이킹들이 넘어갔다는 설이 있잖아요? 거기에서 착안한 작품이 아닌가 생각합니다. 굉장히 철학적이고 전투 신도 아름답습니다.

기억에 남는 독자의 한마디가 있습니다. 「공룡 둘리에 대한 슬픈 오마주」 때 받은 메일입니다. 제 만화를 보고 '추억에 대한 강간'이라고 표현하더군요. 그 메일을 보자 의문이 들었습니다. '왜 사람은 가상의 타격을 직접적 타격이라 느끼는가' 하는 점입니다. 정말 자신이 그렇게 당했다고 느끼는지에 대해 의문입니다.

그런 글을 받는다고 특별히 제가 괴롭거나 고민하지는 않습니다. 하지 말아야지 하는 생각이 들지도 않습니다. 사회 비판적인 작품을 그린다는 말을 자주 듣지만 그게 특이한 일로 여겨지지는 않습니다. 한국의 대중 서사 장르에서는 사회적인 부분들이 표백되다시피 사라졌습니다. 그래서 계속 사회적인 작품을 내놓는 창작자가 특이하게 보이는 겁니다. 꼭 어떤 사명감을 가지고, 아니면 사회적 책임감에 짓눌려 하는 특별한 선택이 아닙니다. 그저 '나는 이번에 어떤 직업의 주인공을 설정하는 게 아이디어 전달에 맞는지'를 생각합니다. 사회적 소재와 주제가 작품에 개입하는 것은 아주 일반적인 창작 작업의 일환이라고 생각합니다.

저는 잘생기고 예쁜 사람을 주인공으로 삼는 것을 싫어합니다. 강한 사람을 주인공으로 삼는 것을 싫어합니다. 왜냐하면 그 사람들은 그만큼 자유롭기 때문입니다. 스펙터클한 이야기를 만들어내려면 주인공이 자유로워야 합니다. 하지만 저는 현실 속에서 살아가는 대부분의 사람처럼 온갖 것에 묶여 있는 사람을 좋아해요. 편한 인간을 그리기 싫은 겁니다. 묶여 있는 인간을 그리면 결국 인간관계, 사회적 관계, 경제적인 것들로 범벅이 됩니다. 그러다 보면 결국 사회문제를 그릴 수밖에 없습니다. 「100도씨」는 처음부터 사회적인 것을 염두에 두고 그린 것이 맞습니다. 하지만 「송곳」을 비롯한 나머지 작품들은 인간을 그려내고자 시도했던 결과입니다.

그렇게 그려낸 만화를 보고 제가 받은 독자의 반응 중에 인상적으로 와 닿은 것은 '우리 아빠가 뭐하는 사람인지 알게 돼 좋았다'는 반응, 그리고 댓글을 통해 만난 조직을 하는 사람들의 모습, 초심을 되찾았다는 노동부 공무원의 글 같은 것이었습니다.

어떤 사람은 제 만화들이 최규석이라는 브랜드를 만들었다고 말합니다. 다른 만화는 좀 시시하지만 최규석 만화는 볼 만하다는 칭찬의 말씀도 정말 듣기를 원하지 않습니다. 저를 강사로 불러 깨어 있는 어른의 이야기를 들으려 하는 강연도 그리 내키지 않습니다. 그렇게 제 작품에 어른의 권위를 실어주는 일체의 시도가 달갑지 않습니다. 그런 분위기에서 만화를 접하는 분들은 극단적인 태도를 갖기 십상이기 때문입니다. 한쪽은 어른의 시선을 그대로 체화하고자 할 테고, 다른 한쪽은 어른들이 권하는 모든 것을 오히려 저급한 것으로 폄훼할 수 있습니다.

저는 작품으로 누군가를 설득까지 하려는 게 아닙니다. 단지 각자가 스스로의 판단을 내릴 때 좀 더 많은 표본을 갖는 일에 제 작품이 쓰이기를 원합니다. 그렇게 낮은 마음으로 제 작품을 펼치려 합니다. 그러면 저도, 독자들도 각자 생각의 기반을 좀 더 낮은 곳에서 점검할 수 있을 거라고 생각합니다.

사회적인 작품이라고 말하는데, 우리 모두의 삶은 사회적입니다. 이제는 아주 익숙한 비유에 기대자면, 인간의 삶이 하나의 연극과 같다면 제 작품과 마찬가지로 우리 모두는 사회적인 작품을 만들어나가고 있습니다. 제 작품이 사회적인 성격을 띠는 것을 그런 맥락에서 봐주면 좋겠습니다. 물론 각자의 삶이 사회적인 작품임을 모두가 잊지 않기를 바라는 욕심만큼은 진심입니다.

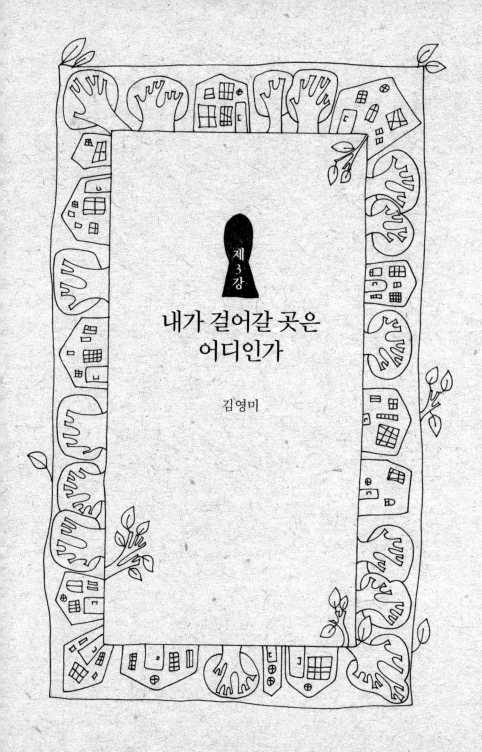

제3강

내가 걸어갈 곳은 어디인가

김영미

김영미

1999년 방송 PD로 입문했다. 2000년 SBS 특집 다큐「동티모르의 푸른 전사」이후 지금까지 40여 편의 다큐멘터리를 제작·방송했다. 2004년 일본 NTV 10대 디렉터상과 2006년 제4회 한국여성지도자상 젊은 지도자상을 받았다. 그동안 전 세계 60여 개국을 다니며 평범한 사람들이 진솔하게 사는 모습을 다큐멘터리에 담아왔다. 현재 PD이자 기자로, 시사IN 편집위원으로 활동하고 있다. 지은 책으로『평화학교』,『위로의 음식』,『사람이, 아프다』,『세계는 왜 싸우는가?』등이 있다.

　저는 방송될 영상을 만드는 것을 업으로 하는 사람입니다. 세계의 여러 분쟁 지역도 다녔습니다. 아프리카, 일본, 아랍, 중동 등 다닌 국가를 세어보니 80여 개국입니다. 특히 자주 다닌 곳은 중동과 아프리카입니다.

　제가 PD라는 직업을 갖고 나서 가장 좋다고 생각한 건 비행기를 탈 수 있다는 것이었습니다. 처음에는 비행기를 타고 이곳저곳으로 다니는 게 정말 재미있었습니다. 그런데 언젠가부터 비행기 타기가 너무 고되게 느껴졌습니다. 한국에서 남미까지는 28시간이 걸립니다. 그렇게 실무의 소소한 재미가 시들해졌을 때, 직업과 삶에 대한 근원적 질문들에 직면하게 되었습니다.

　분쟁 지역에는 죽음의 기회가 넘쳐납니다. 죽음이 정말 피부 가까이에 있습니다. 하지만 그곳에도 삶은 이어집니다. 사람들은 출산을 하고, 연애를 하고, 일을 해서 돈을 벌고, 먹을 것을 사서 자식에게 먹입니다. 너무 다른 환경, 그리고 위급한 시국인데 어찌 보면 저라는 한국 사람과 그들은 똑같은 삶을 살고 있습니다. 그런 장면들을 자주 마주하다 보니 저는 '강한 사람'이 되었습니다.

인간으로서 강한 사람은, 힘이 센 사람이 아닙니다. 소위 제멋대로인 사람입니다. 제멋이 무엇인지 정확히 아는 사람, 하고 싶지 않은 말이나 행동은 절대 하지 않는 사람이 강한 사람입니다.

지금은 풍요의 시대입니다. 그 어느 때보다 물질이 넘쳐나고 지식과 수명, 기회 등 많은 부분에서 부족함이 없습니다. 그와 동시에 불안의 수준도 높아졌습니다. 불안이란 내가 나를 어떻게 보느냐가 아니라 세상이 나를 어떻게 보느냐의 시선에서부터 시작되지요. 이런 불안 속에서 '나는 내 삶의 주인인가? 원하는 길로 나아가고 있는가?'라는 내면의 물음이 들릴 때, 제대로 답할 줄 아는 성인이 되어야 합니다. 시간이 해결해주는 문제가 아니었습니다.

저는 제가 격 없는 지인들에게 털어놓곤 하는 진솔한 이야기를 여러분께도 전해보려 합니다. 골자는 이렇습니다.

'제 목소리를 내라. 불안하고 막연할 때는 일단 한 걸음 나아가라. 그렇게 자신의 길을 찾아가라.'

콤플렉스 따위는 내던져버려라

저는 PD로 일하면서 '내가 과연 이 사회에 필요한 존재인가?', '나라는 이름의 PD가 정말 필요한 존재인가?'와 같은 질문을 스스로에게 자주 던져보았습니다. 처음에는 PD라는 직업이 엄청 멋있는 줄 알았습니다. 그런데 머지않아 너무나 힘든 직업임을 절감했습니다. 육체적으로 힘든데다 가족들과 보내는 시간도 적습니다.

초기에는 아침 방송 팀에서 일했습니다. 저 외에도 PD가 일곱 명 정도 더 있었습니다. 모두 다 좋은 대학을 나온 PD였지요. 그 당시에는 월요일 아침부터 죽 회의를 하고 함께 방송 준비를 하면서 그 친구들에게 도움도 많이 받고 참 좋았습니다. 지금도 친분을 유지하고 있어요.

한번은 재미있는 일이 있었습니다. 이 친구들이 방송 10년 차쯤 되었을 때 술자리에서 "너 방송하러 처음 들어왔을 때 우리가 왕따시켜서 미안하다"고 말하는 겁니다. 정말 놀랐습니다. 어떤 장면도 머릿속에 박혀 있는 게 없을 정도로 말이에요. 그래서 "나를 어떻게 왕따시켰는데?"라고 물었더니 "커피 같은 거 탈 때도 너 시켰고 일부러. 회의록도 일부러 안 줬고, 힘든 취재 같으면 담합해서 너한테 몰아주기도 했어” 하는 겁니다. 근데 제가 하나도 몰랐다니 참 우습죠? 그 당시에는 PD 일을 시작한 지 얼마 안 됐기 때문에 여기서 어떻게든 자리를 잡고 싶다는 마음이 굉장히 컸습니다. 그러니까 남들이 왕따를 시키든 안 시키든 안중에도 없었던 거예요.

사실 그런 느낌이 조금 있긴 했죠. 배정을 받으면 나만 너무 먼 데로 가게 되고 만날 배를 타게 되는 겁니다. 제가 배 타는 데 약간의 공포를 가지고 있는데, 편도로 네 시간씩 배를 타고 들어가 촬영해야 하는 거예요. 그때는 리포터들과 함께 일했어요. 한번은 리포터가 왜 늘 배만 받아오느냐고 했지요. 저는 “이게 아침 방송에 꼭 필요하니까 이런 거 나가면 시청률이 잘 나와서 저한테 특별히 주신 거예요”라며 얼버무렸습니다. 이 친구들이 뒤늦게 고해성사하듯 말하면서 자꾸 미안하다고 사과하기에 제가 “왕따를 시켰어도 내가 안 받았기 때문에 너희가 날 괴롭힌 게 아냐. 그러니까 괜찮아”라고 말했습니다.

실제로 저는 PD나 언론계라는 쪽에서 봤을 때 좋은 조건을 갖추고 있지 못했습니다. 여성인데다 지방 대학을 나왔습니다. 전공도 신문방송학이 아니었고요. 그렇다고 외국어를 잘하지도 못했습니다. 그런데 그때는 눈에 보이는 게 없었어요. 어떻게든 방송을 하면서 실력을 인정받고 싶었어요. 아니, 인정을 받는다기보다 남들만큼 못하고 눈에 보이게 뒤처지는 게 정말 싫었습니다. '시작한 지 얼마 안 됐다는 티가 나지 않게' 자리를 잡으려는 마음이 강했기 때문에 그 어떤 것도 제게 콤플렉스가 되지 않았습니다. 분명 누군가가 옆에서 "넌 이렇게 못한다", "너는 안 될 거야", "여자니까 안 될 거야"라는 말을 했을 거예요. 그런데 기억이 나지 않습니다. 그런 말에 근거가 있다고 생각하지도 않고 저에게 타인의 생각은 중요하지 않았으니까요. 한 귀로 듣고 한 귀로 흘린 정도가 아니라 아예 듣지도 않았습니다.

그렇게 저는 콤플렉스에 사로잡히지 않았습니다. 그래서 제가 지금까지 이 자리에서 계속 일할 수 있었다고 확신합니다. 제게 부족한 게 있어도 무언가를 하면서 그것을 저의 단점으로 받아들이지 않았습니다. 그냥 사람이 가질 수 있는 또 다른 조건이라고 생각했습니다.

취재를 하다 보면 외모 콤플렉스, 학력 콤플렉스, 학연·지연 콤플렉스 등 별별 콤플렉스를 가진 사람이 많습니다. 정말 놀라운 것은, 입이 떡 벌어질 만큼 예쁘고 잘생긴 연예인은 다들 외모에 대한 불만이 많았습니다. 콤플렉스는 마음의 문제입니다. 그리고 욕심에서 시작됩니다.

사람의 욕심은 정말 한도 끝도 없습니다. 자신이 다른 사람에게 잘 보이고 싶은 마음, 다른 사람에게 인정받고 싶은 마음은 인간의 본능인 것 같습니다. 예를 들어 여러분이 스무 살일 때, 누가 100만 원을 준다고 하면 가슴이 철렁할 만큼 크게 느껴집니다. 그런데 취직을 하고 나면 100만 원에 대한 심적 가치가 낮아집니다. 그때는 1,000만 원이 갖고 싶어집니다. 그리고 결혼을 할 때에는 1억 원이 갖고 싶습니다. 재벌도 마찬가지입니다.

그러니까 마음의 에너지를 그런 일에 쏟아붓지 마세요. 콤플렉스를 갖게 되면 계속된 허기와 갈증에 시달립니다. 누군가의 스물다섯 살부터 서른 살까지의 삶을 생각해보세요. 연봉, 배우자, 가정환경, 행운, 고난…… 이 모든 것이 똑같은 상황에서 콤플렉스를 가진 사람은 그 5년이라는 시간을 찡그린 얼굴로, 무거운 마음으로 우울하게 보냅니다. 상황을 콤플렉스로 인식하지 않는 사람은 열성을 다해 때로 웃고 울며 솔직하게 살아갈 수 있습니다.

어떤 5년을 보내고 싶습니까? 두 사람의 서른한 살은 과연 동일할 수 있을까요? 마음의 문제를 단속하는 것은 그래서 중요합니다.

지금 나는 너무 잘하고 있다

제 주변 사람들은 모두 자신에게 관대하지 못합니다. 자신을 너무 낮게 바라봅니다. 저는 방송사에서 소위 스펙이 열등했습니다. 학교에 다닐 때 공부를 잘하지 못하는 아이를 바라보는 주변의 고정된 폭력적 시선을 생각해보면 제가 겪은 일상생활의 무게를 알 수 있을 겁니다. 하지만 저는 그런 것 때문에 김영미라는 나 자신을 깎아내리지 않았습니다. 매일 일이 끝나거나 방송이 끝날 때마다 혼자 나 자신한테 '잘했다'라고 얘기했습니다. 어떤 프로젝트가 끝나면 다른 사람들이 뭐라고 말하든, 스스로를 객관적으로 평가하면서 만족했습니다. '일어나야 할 실수들이 일어났고, 몇 가지의 성공도 있었다. 실수는 반복하지 말자'라며 제 마음을 정리해나갔습니다.

나마저 내 기를 죽이지는 말아야 하지 않을까요? 그래야 앞으로 계속 건강하게 나아갈 수 있습니다. 만약 제가 저를 야박하게 평가하고 '더 잘했어야 했는데 왜 못했을까?'라며 자주 고민했다면 지금까지 PD 일을 못했을 겁니다. 이 복잡하고 예민한 방송계에서 살아남지 못했을 겁니다. 무엇보다도 자기자신을 스스로 평가해주고 아껴주지 않으면 이 사회에서 누가 자신을 아껴주고 사랑해줄까요? 부모님보다 사실은 내가 나를 더 예뻐해야 합니다. 그래야 내 뜻을 향해 나아갈 수 있습니다. 시작할 수 있습니다. 그 길을 걷는 원동력도, 휴식도, 용기도 모두 나 자신이 주는 겁니다.

어머니나 주변의 어른들이 잔소리할 때 한마디씩 하는 말이 있지요. "넌 왜 이렇게 게으르냐?", "넌 왜 이렇게 못하냐?" 하는 것입니다. 사회에서도 별반 다르지 않습니다. "당신은 이게 왜 안 됩니까?", "좀 무능한 것 아닙니까?"라고 말합니다. 하지만 자기 자신에게는 그러지 않아야 합니다. '우리 엄마는 항상 나를 게으르다고 하는데, 난 원래 게으른가 봐'라고 여기지 마십시오. 설혹 지금 게으르면 어떻습니까? 내일부터 게으름을 피우지 않으면 되잖아요. 그러니까 남들이 게으르다고 해도 자신에게는 '내가 꼭 게으른 건 아냐. 그래서 괜찮아. 서서히 고쳐나가면 돼. 사회생활을 이렇게 하지는 않아'라고 생각하세요. 나는 원래 게으른 사람이라고 세상과 자신이 낙인을 찍어버리면, 정말로 자신이 게으른 사람이라고 결재하는 겁니다. 자기 자신을 함부로 대하지 마세요.

아프리카에서 얻은 교훈 중 하나를 말씀드리겠습니다. 어느 날 제가 취재를 하러 가다가 기린 떼를 만났습니다. 기린이 그렇게나 많은 경우는 처음이었는데 목을 빼고 구경했지요. 그

때 제 눈에는 기린들이 모두 똑같아 보였습니다. 목과 몸에 나 있는 무늬며 목의 길이, 얼굴 생김새가 똑같았습니다. '와, 공장에서 찍어낸 것처럼 똑같네'라고 생각했지요. 그다음에는 얼룩말 떼가 지나갔어요. 얼룩말들도 마찬가지인 겁니다. 어디서 옷을 사다 입혀놓은 것처럼 줄무늬의 비뚤어진 선의 각도까지 너무도 닮은 거예요. 그다음 날에는 코끼리 떼를 보았는데, 마찬가지였습니다. 상아의 각도가 모두 동일해 보였어요. 그래서 느꼈습니다. 저들이 인간을 봐도 그렇겠구나. 나는 오늘 조금 게으른 사람 같았을 수 있습니다. 하지만 다른 사람과 큰 차이가 있지 않습니다. 무언가 크게 잘나지도, 크게 모자라지도, 사실은 크게 다르지도 않습니다. 그러니까 스스로를 비난하지 마세요.

내가 나를 사랑하지 않으면, 남을 사랑하는 방법도 알지 못합니다. 중동에 취재를 하러 가서도 다시 확인하곤 합니다. IS 대원으로 들어간 비이슬람권 사람들이 생기면, 그것에 대해 조사를 합니다. 국내에도 불미스러운 일이 있었지요. 이런 일은 서양의 국가들도 골머리를 앓고 있는 문제입니다. 누군가가 들어갔다는 정보가 IS의 홍보 트위터 등에 올라오면 그 사람의 이력을 추적합니다. 그러면 대부분이 기존의 삶에서 스스로를 소외시킨 사람들입니다. 기존의 자리에서 적응하지 못하고, 그런데 새로운 길을 찾아나가기엔 분노와 열등감이 많고, 한 번에 인생을 반전시키고 싶은 욕망이 큰 사람이 대부분입니다. 인정받지 못한 존재감. 그것 때문에 거기서 특별해 보이는 삶을 살며 인정받고 싶은 겁니다.

∶

낯설고 힘들어도 더 많은 곳을 돌아다녀라

∶

20대가 10대를 바라보아도 '저 애들은 대체 왜 저러지?'라는 생각이 든다고 합니다. 30대나 40대가 20대를 보아도 마찬가지이고, 60대나 70대가 50대를 볼 때도 마찬가지입니다. 어찌 보면 세대 차이라는 게 허구적인 개념일 수도 있습니다. 사람이 나이를 먹으면서 과거의 경험을 잊고 나이 어린 사람들을 몰이해하는 것. 그뿐이 아닌가 생각합니다.

예방접종이라는 것이 있지요. 20대의 삶이 고단하고 실제로 사회적 상황이 심각하지만, 이것이 예방주사라고 생각하면 틀리지 않을 겁니다. 그걸 30대나 40대에 겪으면 이겨내기 어려울 겁니다. 20대에 겪은 고난은 이후의 인생에 오히려 문제 해결력으로 변모될 수 있습니다.

제가 PD로 일하면서 제 과거에 대해 가장 아쉬워하는 점은

20대에 여행, 하다못해 가출 같은 경험도 해보지 않고 바로 산업 전선에 뛰어들었다는 것입니다. 아쉽게도 저는 20대에 좋은 경험을 많이 못했습니다. 그래서 너무 버거운 30대를 보내야 했는데 깨달음을 한 번 얻을 때마다 몹시 아팠습니다. 혼자 그 아픔을 달래며 지나오긴 했지만 만약 20대에 그 예방접종을 했다면 조금 덜 아팠을 거라고 확신합니다. 그러니까 여러분의 나이가 어떻게 되든 간에, 지금 세상이 무너질 것만 같은 일을 겪고 있더라도 그 어려움은 분명 이후의 삶에 양분이 될 겁니다. 확언할 수 있습니다. 여러분은 30대에 어떤 씨를 심든 튼튼한 열매를 얻을 수 있도록 준비하며 20대를 보내길 강권합니다.

평균수명이 늘어나서 현대는 '100세 시대'라 불립니다. 정년이 60세라고 한다면 40년을 노인으로 보내야 합니다. 그 속에서 20대와 30대는 훈장입니다. 직업을 하나 더 가질 수 있는 시간입니다. 제가 의학에 관심이 높아서 의학 다큐멘터리 프로그램을 몇 편 제작하기도 했습니다. 그러다가 알게 된 게 있습니다. 인간의 생명이 연장되면서 사람들의 삶, 즉 라이프스타일이 바뀌는 방식에 관한 것이었습니다.

예를 하나 들면, 옛날에는 평균수명이 60세였습니다. 환갑잔치는 60세까지 살아남은 것을 축하하는 자리였지요. 그때의 20대와 '100세 시대'의 20대는 그 의미가 다르지요. 현대의 20대는 어찌 보면 아직 10대의 연장선입니다. 20대는 시간을 번 거죠. 객기도 조금 부리고 실험 정신을 가지고 삶을 디자인해도 된다는 말을 하고 싶은 겁니다.

제가 어릴 때 보았던 40대는 굉장히 아주머니, 아저씨 같았습니다. 그런데 '100세 시대'의 40대는 그렇지 않습니다. 40대 연예인이 20대의 발랄함과 아름다움을 갖고 있는 경우가 적지 않습니다. 수명이 연장된 만큼 청년, 중년이라는 연령층의 폭도 늘어난 것입니다. 이제 40대가 중년이 아니라 50대, 60대가 되어야 중년이라는 말이 있습니다. 그러면 20대, 30대까지는 실험 정신을 가지고 살아도 됩니다. 인생을 통째로 좌우하는 결정을 하지 않아도 괜찮습니다. 30대 이후에 직업을 정한다는 목표를 세우고 20대에는 트레이닝을 한다고 생각해도 된다는 말입니다. 20대에 충분히 훈련한 뒤 이후의 진로를 선택하더라도 늦지 않습니다.

그 트레이닝 중에 제일 적극적으로 추천하고 싶은 건 여행입니다. 사람들을 많이 겪어보고 여행을 하는 것이 '예방접종'을 하는 데 가장 효과적입니다. 또 하나 핵심적인 것이 있습니다. 여행을 하려면 일단 경제관념이 있어야 됩니다. 여행비를 마련해야 하고, 여행 중에 이런저런 이유로 꼭 써야 하는 예산이 있지요. 사회생활을 할 때 제일 중요한 것도 예산을 짜고 집행하고, 또 그것을 평가하는 능력입니다. PD는 제작비를 수십억 단위로 운용하는 경우가 있습니다. 경제관념 없이 마구 썼다가는 나중에 곤란한 지경에 이릅니다.

예를 들어 유럽 배낭여행을 하는 데 딱 100만 원만 가지고 왔다면, 씀씀이를 크게 줄여서 여행을 다녀야 합니다. 그 예산을 쪼개 쓰는 방법을 찾는 과정에서 시장을 다루는 스킬이 질적으로 향상될 수 있다는 겁니다. 가령 체코의 프라하에 갔는데, 하룻밤 숙박비가 10달러라고 한다면 주인과 협상을 해봅니다. 그러면 8달러에도 잘 수 있거든요. 그렇게 가격 협상의 기술을 기릅니다. 다양한 상황에 대처하는 능력도 키울 수 있습니다. PD들에게는 필수적인 능력입니다. 우리 사회의 어떤 분야에서도 이 능력은 기본 소양에 가깝습니다. 이것은 글로 배우기 어렵습니다. 책에 나와 있지 않습니다.

그럼 이번에는 기업의 입장을 생각해볼까요? 지원자의 나이가 한두 살 더 많은 게 마음에 걸리겠습니까, 아니면 능력이 불분명한 게 더 마음에 걸리겠습니까? 당연히 후자입니다. 대학에서는, 그리고 신입사원으로서 입사 지원서를 제출할 때에는 한두 살이 정말 치명적인 것처럼 여겨질 수 있습니다. 이는 사실과 전혀 다릅니다. 나이가 어려서 사회생활에 득이 되는 경우는 많지 않습니다. 능력이 있는 사람이어야 합니다. 지금은 반복 학습을 통한 단순 지식이나 단순 기술이 중요하지 않은 시대입니다. 인재를 선발하는 인사 담당자들도 유교적 사고관에 사로잡혀 있지 않습니다. 현재 40대, 그리고 50대 초반은 인재를 능력 중심으로 보는 눈을 가지고 있습니다. 저는 나이가 너무 적은 지원자를 뽑기가 부담스럽습니다. 중학교 때 책상 앞에 앉은 이후로 이제야 막 머리를 들고 일어선 건 아닌지 걱정스럽기 때문입니다. 연구소가 아닌 이상, 회사에서는 학자를 필요로 하지 않습니다.

아쉽게도 저는 20대에 좋은 밭을 일구지 못했어요. 30대에 취직과 동시에 밭을 일궈야 했기 때문에 너무나 버거운 30대를 보내야 했습니다. 여러분은 30대에 어떤 씨를 심든 튼튼한 열매를 얻을 수 있도록 준비하며 20대를 보내세요. 20대에 충분히 훈련한 뒤 앞으로의 진로를 선택해도 늦지 않다고 생각합니다.

요즘 우리 사회를 보면 20대 청년들이 취업하지 못하는 이유를 20대에 전가시키는 경향이 있습니다. 최근에는 자성의 목소리도 높아지고 있는데 20대, 30대에 취업이 안 되면 자신이 부족해서라고 생각하게끔 만듭니다. 아무 데나 가라고, 눈이 높아서 취업하지 못한다고 얘기합니다.

하지만 정규직이고 평생직장이 보장된다면 안 갈 이유가 있겠어요? 60대까지 정년을 보장해주고 끝까지 이 직업으로 살 수 있다면, 공무원이든 용접공이든 선박 수리공이든 불평 없이 출근하겠지요. 그런데 비정규직으로 만들어놓습니다. 따라서 20대, 30대 여러분은 '다 내가 못나서 그래'와 같이 생각하지 않아도 됩니다.

외국과 비교하는 사람들도 있습니다. 미국의 젊은이들은 편의점에서 10년간 일하고, 독일 청년들은 목공을 평생의 업으로 삼는다라면서요. 이것 역시 어불성설입니다. 그들은 평생 보장받는 것들이 있습니다. 사회복지제도뿐 아니라 연금과 보험도 잘되어 있습니다. 모두 정규직입니다. 노동조합도 있어서 노동자로 온당한 대우를 받습니다. 우리와 전혀 다릅니다. 사회체제를 고려하지 않고 젊은이들을 자책하게 만드는 어른은, 사회는 나쁜 겁니다. 젊은이들은 조금도 잘못한 게 없습니다. 젊은이들의 무기력마저도 당당하게 탓할 수 있는 어른은 없습니다.

누구의 눈치도 보지 마십시오. 부디 내가 하고 싶은 것, 내가 할 수 있는 것, 나밖에 찾을 수 없는 것을 찾으십시오. 혹시 가까운 어른들이 계속 찾아주고 있더라도 20대, 30대는 무작정 따라가면 안 됩니다. 어른들을 카피해서 사는 건 21세기의 삶이 아닙니다. 그들의 1980년대와 1990년대를 다시 사는 것이지요.

용기를 잃지 마십시오. 나는 어떤 길을 걸어가야 할지 계속 생각하세요. 그 생각이, 작은 경험들이 실패할 수도 있고 이상한 결과가 나올 수도 있습니다. 시행착오라는 말이 괜히 있는 건 아니지요. 시행착오를 소중히 여기십시오. 그리고 마음껏 꿈을 꾸세요. 중요한 결정은 30대에 해도 늦지 않습니다. 인생을 조금 더 경험해보세요.

농사를 지을 때는 밭을 갈고 거름을 주는 준비 작업을 거친 뒤에야 씨앗을 뿌립니다. 20대는 바로 이 밭을 일구는 시간입니다. 그래야 30대가 되었을 때 어떤 씨앗을 심어도 맛있는 농산물이 나올 수 있습니다. 30대에 조금 느지막이 밭을 일구더라도, 한결 성숙해진 마음가짐과 강한 의지로 현명하고 착실하게 농사를 지어나가면 분명히 40대에 좋은 열매를 거둘 수 있습니다.

제4강

우리는
왜 사는가

원종우

원종우

대학에서 철학을 전공하고 1990년대에 국내 인디운동을 창안했다. 국내 최초로 독립음반 'Bad Taste', 'Smell Like Nirvana'를 제작했으며, 1999년부터 딴지일보에 합류해 음악, 과학, 역사 등을 주제로 글을 써왔다. 2008년 SBS 창사 특집 환경 다큐멘터리 「코난의 시대」작가로 휴스턴 영화제에서 대상을 수상했다. 2013년부터 팟캐스트 「파토의 과학하고 앉아 있네」와 공개 토크쇼 「과학 같은 소리하네」를 진행하고 있다. 지은 책으로 『파토의 호모 사이언티피쿠스』, 『태양계 연대기』, 『조금은 삐딱한 세계사 : 유럽편』 등이 있다.

　현재 저는 대중 과학 콘텐츠 기업 '과학과 사람들'의 대표를 맡고 있습니다. 오늘 저는 조금 거창하고 심각하면서도 관념적인 것 같지만, 실제로는 아주 구체적인 이야기를 해보려 합니다. 일단 관념적이고 거창하게 '왜 사는가'를 주제로 잡았습니다.

　본격적으로 이야기하기에 앞서 먼저 저에 대해 간단히 얘기하겠습니다. 철학으로 공부를 시작한 저는 록 뮤지션이 되어 인디밴드로 활동했습니다. 그러다가 인터넷 신문 딴지일보에 갔습니다. 딴지일보에서 총수라 불리는 김어준 씨는 팟캐스트 「나는 꼼수다」로 유명해졌지요. 당시의 딴지일보는 지금보다 훨씬 더 대단했습니다. 당시가 1990년대 말에서 2000년 초인데, 그때는 지금처럼 인터넷이 활성화되어 있지 않았습니다. 구글이나 네이버 같은 검색엔진도 없었습니다. 야후가 조금 사용되는 편이었는데, 딴지일보가 전성기일 때는 야후보다 클릭수가 많았습니다. 우리는 참 재미있는 일을 많이 했습니다. 하지만 얼마 지나지 않아 기세가 수그러들었습니다. 김어준 총수를 포함해 다들 30대 초반이었고 딴지일보로 무엇을 해야 할지, 회사를 유지하기 위해 어떤 사업을 벌여야 할지, 매체로서 우연히 얻게 된 인기나 지명도를 어떻게 활용해야 할지 몰랐습니다. 그래서 금방 기울었습니다.

그 무렵 저는 영국으로 음악 유학을 떠났습니다. 국내로 돌아와서는 기타 제작사에 잠깐 들어갔는데, 대량 주문을 받아 브랜드를 붙인 다음 수출하는 OEM 업체였습니다. 나중에는 회사 고유의 브랜드를 유럽과 미국으로 진출시키는 일을 했습니다. 굉장히 재미있는 경험이었습니다. 그다음에는 SBS에서 다큐멘터리를 만들었고 책도 몇 권 썼습니다. 『파토의 호모 사이언티피쿠스』, 『태양계 연대기』라는 책을 냈고 지금은 '과학과 사람들'이라는 대중 과학 콘텐츠를 기획하고 제작하는 회사에서 과학 커뮤니케이션 활동을 하고 있습니다. 팟캐스트 방송 「파토의 과학하고 앉아 있네」, 공개 토크쇼 「과학 같은 소리하네」도 진행하고 있는데 2015년에 우리가 진행하는 팟캐스트 다운로드가 650만쯤 되었습니다.

언뜻 보기에도 제 이력은 무척 복잡합니다. 다양한 일을 해왔습니다. 그런데 관련이 없어 보이는 일들의 바탕에 공통점이 깔려 있습니다. 외람되지만 그것과 연관된 제 삶의 태도나 관점을 이야기해보려 합니다. 미리 한 가지 말씀드리고 싶은 것은, 저는 인생의 마스터가 아니라는 점입니다. 인생의 처음부터 끝까지 지혜와 용기로 중무장하고 어떤 난관도 흔들림 없이 극복해나가면서 성과를 이룬 사람은 이 세상에 단 한 명도 없습니다. 저 역시 마찬가지입니다. 저도 실수투성이였고, 지금도 그러하며, 늘 어려움에 빠집니다. 여러분도 마찬가지일 거라 생각합니다. 그러한 점을 감안해주길 바라며, 그동안 제가 생각해온 것들에 대해 털어놓으려 합니다.

⋮

꿈같은 삶, 영원이라는 환상

⋮

영어 동요 중에 「Row Row Row Your Boat」라는 곡이 있습니다. 어릴 때 우리가 '리리리 자로 끝나는 말은' 하면서 불렀던 노래가 이 곡을 번안한 것입니다. 원곡의 영어 가사는 다음과 같습니다.

Row, row, row your boat,
Gently down the stream.

Merrily, merrily, merrily, merrily,

Life is but a dream.

즐겁게 배의 노를 저으라는 내용입니다. 그런데 동요에 뜬금없이 'Life is but a dream'이라는 가사가 나옵니다. 해석하자면 '삶은 다른 무엇도 아닌 꿈이다'라는 말입니다.

여러분, 저도 집약적으로는 그렇게 생각합니다. 저는 무엇하나에 집중하면 매우 깊이 들어갑니다. 마니아적인 삶을 계속 이어온 것이지요. 누군가는 저를 '총체적 덕후'라고 부르기도 했습니다. 조금 과분하지만 적절한 표현이라고 생각합니다. 제가 그런 방식으로 40년 이상 살아보고 난 느낌은, 정말 총체적인 허무감이라는 것입니다.

저는 자연과학을 아주 좋아합니다. 철학을 전공하면서도 물리학으로 스터디를 하려고 했습니다. 제가 89학번인데, 당시 대학의 분위기는 철학과에서 물리학을 이야기하기 어려운 분위기였습니다. 그래서 잘되지 않았습니다. 자연과학은 아주 어릴 때부터의 취미입니다. 과학을 들여다볼수록 '인간이 어디에 있는가'라는 것을 느끼지 않을 수 없었기 때문입니다. 시간 프레임과 공간 프레임을 가져와보겠습니다.

우주의 나이는 최신 이론으로 138억 년입니다. 우주의 크

기는 얼마나 될까요? '138억 광년이니까 138억 광년의 크기
겠네'라고 생각할 수도 있지만 실제로는 그보다 큽니다. 우리
가 관측할 수 있는 우주의 크기만 해도 지구를 중심으로 반지
름 450억 광년, 그러니까 지름으로 900억 광년입니다. 우리 은
하에는 1,000억~4,000억 개의 태양 같은 별이 있습니다. 지구
같은 행성은 얼마나 있을지 알 수 없고요. 그런 은하가 우주 안
에 1,000억~5,000억 개가 있습니다. 이것은 단지 우리가 알
수 있는, 관측할 수 있는 우주의 시공간 크기일 뿐입니다. 그렇
게 생각하고 보면 이제, 우리가 얼마나 작은 공간과 시간을 점
유하고 살아가는지 가늠해볼 수 있습니다.

이런 생각은 초등학생 때 시작되었고, 지금껏 해오고 있
습니다. 그래서인지 허무합니다. 인류의 문명은 기껏해야
5,000~1만 년입니다. 46억 년이라는 지구 역사에 인류 문명사
를 비교해 달력으로 만들면 인류의 문명은 겨우 몇 분 전에 시
작한 셈입니다. 우린 그렇게 아무것도 아닌 존재입니다.

그런데 우리에게는 하루하루가 얼마나 중요합니까. 하루
하루 친구와 다투고, 시험 점수도 잘 받아야 하고, 취직도 해
야 하고⋯⋯. 욕심도 참 많습니다. 돈을 얼마 벌겠다, 내가 대
통령이 되겠다, 국회의원이 되겠다, 혹은 내가 우주를 정복해
보겠다⋯⋯. 사실 다 똑같은 거예요. 내가 은하계를 정복해 은

하계의 황제가 된들 100만 년을 살 거예요? 1만 년을 살까요? 100년, 200년 하면 끝납니다.

그러면 다시 처음으로 돌아갑니다. 무슨 욕심을 가져도, 뭘 추구해도 티끌과 다르지 않습니다. 이건 비관론 같은 한탄이 아닙니다. 아주 명백한 과학적 사실입니다. 어찌 보면 인생은 꿈일 뿐입니다. 정말 짧고 시간은 빠르게 지나갑니다. 금세 나이가 들고, 죽습니다.

여러분을 암담한 결론으로 이끌려고 이런 이야기를 꺼낸 것은 아닙니다. 그래도 인생이 꿈같은 건 맞습니다. 제 결론은 이렇습니다. 모든 것이 허무하고, 의미 없고, '내가 무엇을 이뤄봤자 다 끝나고 없어지고 무너지고 사라지고 녹아버릴 텐데'라는 생각을 하고, 저의 삶 역시 꿈이라는 것이 모두 사실이더라도 악몽을 꾸고 싶진 않다는 겁니다. 평생에 걸쳐 악몽을 꾸고 싶은 사람은 없습니다.

저는 이런 태도를 바탕으로 세상을 살아가려 했고, 살아가고 있다고 고백해봅니다. 이런 이야기부터 꺼내는 것은 제 사고방식이 말이나 행동, 생각을 결정하고 추구하는 데 주된 원리로 작용하고 있기 때문입니다.

우리는 자꾸 무의식적으로 영원을 꿈꿉니다. 영원을 꿈꾼다는 것이 대단하게 영생을 추구하는 것이 아니라 은연중에 그렇다는 것입니다. 지금의 것들이 계속 이어진다고 가정합니다. 영원을 추구한다는 것은 현실 속에 영영 있을 것처럼 사는 것과 비슷합니다.

예컨대 젊음 같은 것이 그렇습니다. 우리는 보통 머릿속으로 '나도 늙는다. 나도 죽는다'라는 것을 알고 있습니다. 저도 젊은 시절에는 어떤 식으로 젊음이 붕괴되고 어떤 식으로 세상과 내 삶이 바뀔지, 내 몸과 정신과 내 주변을 둘러싼 삶이 시간에 의해 어떻게 변화될지 제대로 생각해보지 못했습니다. 우리는 막연하게 젊음이 계속 유지될 것이라고 생각하고 있습니다.

요즘은 크게 달라졌지만 얼마 전까지만 하더라도 저보다 조금 윗세대는 자신의 직업이 계속 유지될 거라고, 혹은 그래야 한다고 여겼습니다. 일단 입사하면, 퇴임할 때까지 안정적인 삶을 유지한다고 생각했습니다. 그리고 연애야말로 이러한 환상을 굉장히 심하게 드러냅니다. 누군가와 연애를 하고 있을 때에는 그 시간이 영원할 것 같잖아요. '영원히 사랑해', '영원히 함께할게'와 같은 말을 습관적으로 반복하는데 이것은 실제로 불가능하지요.

영원이란 존재하지 않습니다. 영원이 아니라 100년만 지나면 끝납니다. 대부분의 사람은 100세까지 살지도 못합니다. 그런데도 우리는 '진심이다'라는 말을 덧붙여가며, 그렇게 생각하고 살아갑니다. 내가 한 번 얻은 지위나 부, 그 자리에 금세 익숙해져서 계속 그렇게 살아갈 수 있으리라 생각합니다. 이모든 것은 환상입니다. 영속되는 것은 존재하지 않습니다. 언제 사라지느냐만 다를 뿐입니다.

$$\vdots$$

10년 후 나는 어떻게 살고 있을까?

$$\vdots$$

그렇다면 이것을 생각해봅시다. 안정됨이란 정말 존재합니까? 많은 사람들이 우리 삶 속의 안정에 대해 환상을 가지고 있어요. 내가 안정을 추구하면 안정이 내게 올 것이라고 생각합니다. 하지만 그렇지 않습니다. 사람들은 무엇인가가 영속할 것이라고, 안정될 수 있을 것이라고 생각하며 인생의 장기계획을 세우죠.

제 또래들은 어느 대학을 가서 몇 년 뒤에 졸업하고 회사에 들어가고 몇 살 때 결혼하고 아이를 낳고 나중에는 어떻게 될까 하며 살아왔습니다. 그런데 제가 아는 주변 사람들 중에 그 과업을 모두 이룬 사람은 한 명도 없습니다. 단기적으로는 가능했습니다. 삼성 같은 대기업에 들어간 친구도 있으니까요.

그렇다면 지금은 어떻게 되었을까요? 처음에 세운 계획대로 살아가는 사람이 아무도 없습니다. 45세 이전에 모두 명퇴했습니다.

한때 인터넷에서 블랙코미디로 유행했던 '기승전 치킨집' 알고리즘을 본 적 있습니까? 대학을 졸업해도 그러지 않아도, 문과대학을 가도 이공계 대학을 가도 결국에는 회사에서 나와 치킨집을 차리게 된다는 것이 골자였습니다. 그것은 현실과 크게 다르지 않습니다. 치킨집이 피자집이나 빵집으로 바뀌기는 합니다.

명퇴한 제 친구들은 20대 후반이나 30대 초반에 저를 굉장히 불쌍히 여겼습니다. "넌 철학이니 음악이니 한다고 하더니 제대로 하지도 못하고 지금 한창 돈 벌 때에 철없이 무엇을 하느냐?"는 걱정이었습니다. 그 상황이 지금은 역전되었습니다. 이 친구들이 이제 저를 만나면 조금 부러워합니다. "넌 은퇴도 없고 늙어 죽을 때까지 자기 일을 할 수 있어서 좋겠다"라고 말합니다.

제가 얘기하는 문제점은 이것입니다. 장기 계획이 무의미하다는 겁니다. 굉장히 강조하고 싶습니다. 세상이 너무 빨리 바뀝니다. 우리보다 윗세대에는 세상이 빠르게 변하지 않아서 이런 일들을 덜 겪었습니다. 지금 젊은 세대의 세상은 더 빠르게 변화하고 있죠. 기술이나 인식 등과 같은 부분이 사회적인 변화를 강요하는데 거기에서 속도, 즉 강요되는 속도를 늦출 수 있는 어떠한 장치도 없습니다. 그러다 보니 지금과 5년 후, 그리고 10년 후는 크게 다를 겁니다. 예전에는 30년 전후가 비슷했습니다. 한 사람이 태어날 때와 죽을 때의 세상이 비슷했다는 말입니다. 100년 전까지만 해도 사람은 태어난 집에서 죽었습니다. 자신이 태어난 집이 건재하고 주변의 산도, 들도 여전했고요. 지금은 그런 세상이 한 곳도 남아 있지 않을 겁니다. 우리나라는 더욱 그러합니다.

이렇게 한 사람의 일생에서 세상이 몇 번이나 바뀌는데 도대체 무엇을 근거로 나의 20년, 30년 후의 비전을 구체적으로 설계할 수 있겠습니까. 방학 계획표를 세우고 제대로 지키기가 생각보다 굉장히 어려웠습니다. 설혹 그 계획대로 꼼꼼히 실천한 적이 있더라도, 알 수 없는 미래에 대해 현재의 내가 멋대로 세운 계획을 지켜나가는 것이 타당합니까? 그런데 모두가 '해야 된다'는 강박관념에 빠져 있어요. 다 착각입니다.

요즘 제가 주로 관련하는 분야는 상상력과 연관되어 있어요. 과학 쪽에서도 저는 상상력에 대해 많이 이야기하고 SF를 추구합니다. 언뜻 SF나 UFO 같은 것을 떠올릴지도 모르겠지만, 지금 저는 삶에 대한 상상력을 이야기하려 합니다.

남들과 똑같이 살지 않으려면 자기 삶에 대한 상상력이 중요합니다. 특정한 것들을 내 인생 전체에 걸쳐서 만들고 지키라고 하는 것이 오히려 더 어려운 일입니다. 안 되는 것은 버려야 해요. 늘 계획 수립을 강요받아왔기 때문에 내 상상력을 발휘하지 못하고 내 삶에서 최선을 다하지 못한 채 강요된 계획을 계속 쫓아가려니까 안 되는 것입니다. 여기서부터 이미 어긋나는 것입니다.

제 주변에는 아이들을 둔 부모가 많아요. 저를 비롯해 벌써 애들이 초등학생인데 20년 후, 30년 후 잘나갈 분야가 무엇이고 미래에 유망한 직업이 무엇인지 알아내려 합니다. 하지만 알 수 있을 리가 만무합니다. 도대체 누가 미래를 압니까? 어느 정도 전망할 수야 있겠지만 실질적으로 예측할 순 없습니다. 그것을 예측하려고 부모들이 자기 마음대로 생각하고 아이들을 키운다면 아이는 나중에 어떻게 해야 합니까? 세상이 강요하는 그림이 바뀌었을 때, 혹은 그 그림대로 따라가면 자멸할 게 분명할 때에는 어떻게 해야 합니까? 그래서 함부로 예측하려 하면 안 됩니다. 지금 필요한 것은 미래를 대비하는 게 아닙니다. 유연성입니다.

나의 정체성은 무엇인가

많은 사람들에게 삶의 목표가 무엇이냐고 물어보면 대부분 행복이라고 대답합니다. 그런데 행복은 무엇입니까? 우리가 삶의 목표가 행복이라고 말한다면 구체적으로 추구할 무언가가 있을 것입니다. 그것은 무엇입니까? 우리는 행복하기 위해 무엇을 추구해야 합니까?

예를 들어 내가 좋아하는 커피숍에서 아메리카노를 마시는 것입니다. 우리가 행복이라고 말하는 것은 하나의 느낌입니다. 1999년에 저는 캐나다의 밴쿠버에 있었습니다. 우연히 산기슭으로 차를 몰고 갔다가 내려오고 있었어요. 깜깜한 밤이었고 별이 떠 있었습니다. 여러분은 온통 별로 뒤덮인 하늘을 본 적이 있나요? 운이 좋은 사람들은 살면서 한두 번쯤 볼 수 있을 텐데, 우리나라에서는 보기가 쉽지 않아요. 별이 엄청나게 많으면 하늘이 아니라 눈앞에 별이 있어요. 내려옵니다. 이런 게 행복이잖아요. 그리고 저는 테라스를 좋아해요. 아파트 같은 건물에 테라스가 하나 붙어 있으면 조그만 의자를 갖다 놓고 커피를 마시거나 책을 읽곤 하지요. 저한텐 이런 게 행복이에요.

대부분 우리가 행복에 대해 이야기할 때, 할 수 있는 말은 이런 것들입니다. 그런데 이것들이 우리 삶의 목표인가요? 어느 날 맛있는 아메리카노를 마시기 위해서? 혹은 우연히 지나가다가 수많은 별을 보기 위해서? 혹은 테라스가 있는 집에 전세를 살거나, 물론 돈이 있어서 자기 소유의 집이라면 이야기가 조금 다르겠지만, 월세나 전세를 사는 게 행복일까요? 그런 것을 몇 개 조합하는 것이 우리 삶의 목표일까요? 정말 그럴까요?

예전에는 사람이 무언가를 이뤄야 된다고 했습니다. '넌 뭐가 되어야 해', '돈을 많이 벌어야 해'라고 말하면 그에 대한 반작용으로 '아냐. 싫어. 우리는 행복해지고 싶어'라고 얘기했습니다. 행복이라는 가치가 이런 프레임 안에 있었습니다. 그런데 이날 이때까지도 사람들은 행복을 추구하고 목표로 삼기 위해 무엇을 해야 하는지 잘 모릅니다.

행복이란 우리 삶의 단편입니다. 삶의 과정과 결과 속에서 언뜻언뜻 비치는 무언가입니다. 저는 인생의 목표를 행복이라고 표현하기보다 '존재의 만족도'라고 말하는 것이 더 정확하다고 생각합니다. 행복은 너무나 추상적입니다.

존재의 만족도는 어디에서 나올까요? 여러 가지 조건을 내 삶에서 실현시키기 위해 가장 필요한 것이 무엇일까요? 저는 정체성이라고 생각합니다.

제가 여러 분야에 몸담았기 때문에 어쩌면 '그런 말을 할 자격이 있나?'라고 생각할 수도 있습니다. 오만 가지 직업을 가지고 있는 주제에 정체성 운운할 수 있느냐고요. 사실 제 직업들은 서로 연결되어 있습니다. 글 혹은 음악입니다. 저는 항상 글과 음악이라는 관심사를 통해 생각한 것을 표현합니다. 그것이 원종우의 정체성입니다. 저는 생각을 해서 글과 음악으로 표현하는 사람입니다. 직업은 제 정체성이 아닙니다. 직업은 직업일 뿐입니다. 자신의 정체성을 '김 부장' 또는 '박 차장'으로 여기고 싶진 않을 겁니다. 그건 직위 혹은 직책입니다. 회사원? 그것이 자신의 정체성입니까? 그렇지 않습니다.

이와 관련해 제가 싫어하는 것이 있습니다. 나이 든 분들을 '할아버지', '할머니'라고 부르는 것입니다. 그 사람들도 이름을 가지고 있습니다. 우리나라에서는 누구 엄마, 개똥이 아빠 하는 식으로 누군가의 정체성을 손쉽게 덮습니다. 아니면 자신의 정체성을 스스로 선택하여 잊어버립니다. 자신이 가장 중요하다고 생각되는 주변 관계에 자신의 정체성을 종속시키는 경향이 있습니다.

어쨌든 저는 글과 음악으로 제 가치를 표현한다는, 생각을 한다는 정체성을 통해 꽤나 충만하게 살아왔어요. 완벽하지는 않지만 하루하루 나 자신을 그 틀 안에서 쌓고 쌓아왔습니다. 그것만큼은 나 자신에게 인정해줄 수 있습니다. 그래서 여기까지 살아오게 되었습니다.

:
비교하지 말고 기꺼이 받아들여라
:

이제 좀 더 구체적으로 이야기해드릴게요. '인생은 꿈이다'라고만 하면 너무 가져가는 게 없으니까요. 저에게는 정체성에 맞게 살기 위한 몇 가지 원칙이 있습니다. 지금은 자연스럽게 얘기하지만 10~20대에는 지금처럼 정리된 상태가 아니었겠죠. 하지만 기본적으로 항상 견지해왔습니다.

사람은 자신의 기본 성향이 가치 있다고 인정받는 조건에서 살아야 해요. 이것은 굉장히 중요한데, 저는 그렇게 살아가는 사람을 많이 보지 못했어요.

예를 들어 우리가 연애를 합니다. 다들 연애 경험이 있을 줄로 압니다. 적어도 2회 이상 사귀어보았다면 이런 경험을 하게 됩니다. A와 B라는 여성이 있습니다. A라는 여성에게는 내가 참 별 볼 일 없어요. 정말로 내세울 게 없습니다. 매력도 없고 어필하는 부분도 없고요. 그러다가 B라는 여성을 만났는데 이전의 A와는 성향이 다르다고 가정해봅시다. 그렇다면 의외로 A라는 여성에게 어필되지 않았던 하찮은 것들이 B라는 여성에게는 아주 중요하고 가치 있고 의미 있는 것이 될 수 있어요. 다들 그런 경험을 해보았을 것입니다.

우리는 살다 보면 이런 구조에서 사는 것이 힘들어져요. 여러 가지 이유로 말입니다. 연애 같은 경우, 내가 누구를 좋아하게 되었다면 이미 좋아하고 있으니까 어쩔 수 없는 거죠. 나의 장점이 어필되지 않지만 내가 좋은 걸 어떡해요! 그러다가 깨지는 거죠, 뭐. 나중에 나이 먹고 조금 더 경험했다고 느낀다면 '아, 이게 아니구나'라고 깨닫는 날이 올 수 있죠. 그때가 되면 자신에게 맞는 사람을 찾게 될 거고요.

그런데 어쩌면 그런 날이 오지 않을 수도 있어요. 알고 있다고 다 되지는 않아요. 그러면 그 사람은 평생 그렇게 사는 거예요. 나에게 맞지 않는 사람과 함께 내 진가에 대한 어떤 의식도 없이 평생을 살고, 나의 재능이나 경험을 전혀 인정받지 못하는 직업을 갖게 되고 무시를 당하기도 하는 등 가치가 폄하된 상태에서 살게 돼요. 이런 구조만큼은 반드시 깨야 합니다. 저도 그랬습니다. 물론 제가 말한 것들을 어느 정도 가능하게 만든 시기는 서른 살이 조금 넘어서였습니다.

어느새 마흔일곱 살이 된 저는 주변에 마음에 들지 않는 사람이 단 한 명도 없어요. 나의 성향과 조건들을 존중하지 않는 사람도 없어요. 제 주변에 사람이 적은 편은 아니거든요? 이렇게 만들어놓고 저는 그 속에서 사는 것이죠. 어차피 모든 인간과 관계를 맺고 살 수는 없지 않습니까? 자신에게 필요 없는 사람들, 즉 나의 장점을 무의미하다고 느끼고 중요하지 않게 여기는 사람들은 무시하십시오.

예를 들어 어떤 여성이 당신에게 "넌 키가 너무 작아"라고 말하더라도 좌절할 필요가 없습니다. 그 여성을 만나지 않으면 됩니다. 그 여성이 잘못된 것입니다. 그런데 당신에게도 잘못이 있습니다. 제 존재를 갉아먹었습니다. 나한테는 다른 것이 중요한 요소라고 한다면, 그걸 못 보는 사람 앞에서 왜 바보가 되어야 합니까? 물론 나의 장점이 잘생기고 키가 큰 것이라면, 그것이 어필되는 세상으로 주변을 정리하세요. 나의 인생을 책임지지 못할 사람이, 내 삶의 가치를 제대로 보지 못하는 사람이 나의 가치를 갉아먹게 놔두지 말라는 것이에요. 살아가면서 내게 유용하고, 유용하다고 느끼는 것들을 자연스럽게 공유할 수 있는 사람, 장소, 일이 있어야 합니다. 이것이 중요합니다. 어느 회사에 들어가는 게 중요하지 않다는 것이죠.

다음은 재능에 관한 이야기입니다. 저는 누구나 비슷한 양의 재능을 가지고 있다고 생각합니다. 문제는 성격과 발현 방식이 다르다는 것이죠. 지금 우리 사회에서는 무엇을 요구하고 있습니까? 영어, 공부, 스펙 같은 것들이죠.

어린 시절부터 제 주변에는 재능 있는 사람이 많았어요. 지금도 많습니다. 그러한 재능 중에는 우리 사회에서 전혀 써먹을 수 없는 부분도 있습니다. 예를 들어 스포츠에서 비인기 종목 같은 것들입니다. 그것은 지역마다, 또 시대마다 굉장히 다릅니다. 영국에서는 크리켓이라는 종목이 굉장히 인기 있어요. 영국을 비롯해 인도, 파키스탄, 오스트레일리아 등과 같은 나라들이 월드컵까지 개최할 정도로 말이죠. 축구만큼 인기가 높습니다. 그런데 우리는 전혀 모르잖아요. 제가 크리켓의 천재일 수도 있어요. 그렇지만 한국에 사는 사람이기에 써먹을 곳이 없죠. 이러한 문제들이 생겨요.

제가 아주 면밀하면서도 오랫동안 이런저런 사람들을 관찰해본 결과, 정말 그 어떤 방면에도 재능이 없는 사람은 단 한 명도 없다는 거예요. 자신이 또는 주변에서 모를 수도 있습니다. 주변에서 인정하지 않을 수도 있고 우리 사회와 맞지 않을 수도 있지만 우리 모두에게는 하나 이상의 재능이 존재합니다. 정체성을 찾기 위해 해야 할 일들 중 하나가 바로 자신의 재능이 무엇인지를 아는 거예요. 그 재능이라는 것을 찾기란 쉽지 않습니다. 나의 재능이나 성향 등을 스스로 알고 있는데도 주류 사회가 요구하는 가치에 맞게 따라야 한다는 강박관념 때문인 것 같아요. 그런 사람이 너무 많습니다.

제 딸이 여덟 살입니다. 개인적으로 저는 아이가 요리사가 되면 좋겠어요. 요리사는 맛있는 음식을 만들 수 있고, 자신도 성취감을 느낄 수 있는 직업이지요. 만약 아이가 고등학생쯤 되어 학교생활이 너무 싫고 도저히 공부를 못하겠으니 요리 수업을 받겠다고 한다면 저는 두말 않고 원하는 대로 해줄 겁니다. 왜냐하면 제 딸이니까 제가 조금 알아요. 고등학교 때 아이가 어떻게 될지 짐작하고 있습니다. 설령 공부하기 싫은 시기를 잘 참고 넘겨서 더 공부를 한다고 해봅시다. 조금이라도 더 좋은 대학에 들어가, 조금이라도 더 좋은 학위를 받게 된다면 후에 조금이라도 더 편해질 것이라는 사실을 저는 알고 있습니다.

그럼에도 '당시'에 불행한 사람에게 미래를 강요할 수는 없습니다. '세상이 너를 크게 인정하지 않더라도 너의 재능과 성향에 맞는 것이 있다면 그 길로 가면 된다'라고 말하긴 했습니다. 하지만 좋은 대학을 졸업한 이후의 미래에는 존재의 만족도가 100이고 그러지 못하면 1입니까? 그렇게까지 차이가 날 리 없잖아요. 생각보다 차이가 나지 않는데도 너무나 무서워해요. 그렇게 무서워할 필요가 없습니다.

이번에는 태도에 관한 이야기입니다. 재능이나 노력보다 중요한 것이 태도입니다. 물론 기본적으로 갖추고 있는 것이죠. 즉 노력하지 않아도 된다는 게 아니고 기본적으로 노력해야 한다는 것입니다. 가끔 사람들이 제게 "굉장히 잘나 보이는 많은 일을 어떻게 했어요?"라고 질문합니다. 저는 그냥 했습니다. 그렇다고 제가 천재라는 말은 아니에요.

사람들은 재능이라는 것에 대해 두려움을 가지고 있습니다. 위인전 같은 것을 보고 나면 위인들의 엄청난 재능과 거대한 노력을 보고 '아, 나는 안 돼'라고 생각합니다. 당연히 안 되죠. 우리가 스티브 잡스입니까? 우리가 위인들처럼 되길 바라나요? 정말로요? 여러분 중에 스티브 잡스나 아인슈타인이 되고 싶은 사람 있어요? 그런데 왜 그런 기준으로 우릴 봐야 합니까?

제가 살면서 느낀 것은, 정말 불가능한 일들은 따로 있다는 겁니다. 우리 중에 누군가가 열심히 한다고 김연아처럼 스케이트를 탈 수는 없습니다. 혹은 슈퍼맨처럼 하늘을 날 수도 없을 테고요. 이것은 물리법칙이 문제가 되기 때문이긴 하지만요. 어쨌든 세상에는 아주 많은 불가능한 것이 따로 있습니다. 우리의 삶에서 대개 흘러가는 일들은 우리가 할 수 있는 영역 안에 있습니다. 그런데 우리는 굉장히 높은 곳의 기준을 가져와 계속 그것으로 평가해요. 그럴 필요는 없습니다.

사회는 어떻게 보면 순 엉터리입니다. 정말 엉터리 같은 사람들이, 엉터리 같은 일들을, 엉터리로 하고 있는 곳이 사회입니다. 차라리 학교가 낫죠. 사람들이 재능이 많아서 그렇게 일합니까? 아니에요. 뻔뻔하니까 하는 것입니다. 아무리 재능이 있어도, 아무리 노력해도 태도가 선행되지 않으면 안 됩니다. 태도라는 것은 약간의 뻔뻔함입니다. 내가 할 수 있다고 생각해버리세요. 어지간한 일은 다 할 수 있습니다. 밴드 하다가, 글쟁이 됐다가, 방송국 다큐 작가 했다가, 기타회사 마케팅 일들을 할 수 있어요. 천재가 하는 것이 아닙니다.

어려운 것은 무엇이냐 하면, 최고가 되는 것입니다. '세계 일류'가 되는 것. 제가 서른두 살 때 영국으로 건너가 기타 학교를 3년간 다녔어요. 이전에 기타도 조금 쳤고, 밴드도 오래했고, 나름 주변에서 인정도 받았죠. 유학을 갈 때는 두 가지 욕심이 있었어요. 그중 하나는 월드 클래스라는 것이 무엇인지, 세상에서 제일 잘하는 사람들이 누구인지 보고 싶었습니다. 두 번째는 영국에서 내 실력을 인정받으면 승부를 한번 걸어봐야겠다고 마음먹었죠. 그런데 어떠했을까요?

제가 다닌 학교는 버클리처럼 유명하지 않지만 선생님이나 톱클래스의 학생들은 세계 최고이자 최상위 수준이었어요. 인간이 아닙니다. 여러분은 TV에서 본 것 말고 어떠한 분야에서라도 그 경지를 본 적이 없을 겁니다. 숀 벡스터라는 선생님이 있었는데, 4년 동안 매주 두 시간씩 수업을 받았어요. 매주두 시간씩 절망에 빠졌다 나오는 거죠. 선생님이 저보다 나이가 대여섯 살 많은 정도였어요. 이 선생님은 수업을 할 때 칠판에다 기타의 지판을 바둑판처럼 그립니다. 그러고는 점을 '다, 다, 다, 다' 찍습니다. 이것들을 일곱 가지 방식으로 연주하라는 겁니다. 물론 음들의 연결은 철저하게 베이스에 기초해야하고, 테크닉이 수반되어야 하는 등 음악을 만드는 모든 조건을 충족해야 한다는 것입니다.

제가 느끼기로, 이 선생님은 기타 지판을 바둑에서의 조훈현이나 이세돌 정도의 깊이로 이해하고 있어요. 악기라는 것은 일종의 스포츠입니다. 몸으로 다루는 것이기 때문에 머리만으로는 힘듭니다. 숀 벡스터라는 선생님은 세계 최상위 수준으로 연주할 수 있는 능력까지 가진 사람이에요.

세상 모든 분야에 이러한 사람들이 있습니다. 여러분이 사회로 나가기 전에 가능하다면 관심 있는 분야의 '세계 일류'라는 것이 무엇인지 한 번쯤 보고 왔으면 좋겠어요. 그렇다고 꼭일류가 되자는 건 아닙니다. 높은 수준에 이르려면 그만큼 노력해야 합니다. 재능과 노력을 모두 갖춰도 좌절하기 십상이에요.

제가 그래서 포기하고 왔잖아요? 저는 실패한 뮤지션이에요. 하루에 열일곱 시간씩 연습했습니다. 아침 7시부터 밤 12시까지요. 휴일에도 말이죠. 그래도 안 되었습니다. 할 수 없는 것은 따로 있습니다. 주변에서 주눅 들지 마세요. 그래서 태도가 중요합니다. 뻔뻔한 것 말이죠.

⋮

뻔뻔하게, 그리고 아무것도 아닌 것처럼

⋮

그런데 태도를 갖추기 위해 또 필요한 것들이 있습니다.

우리나라 사람들은 자기 연민이 참 많습니다. 열등감이 표출되는 방식이죠. '내가 뭐라고', 혹은 '난 이렇게 불쌍해'와 같은 생각인데 이것들이 구체적으로 주변 사람에게 뻗치면 바로 '찌질함'이 됩니다. 멀쩡한 사람들도 친구들과는 잘 지내는데 연인 관계에서는 바보 같아집니다. 열등감은 누구나 갖고 있죠. 열등감이 없을 수는 없어요.

열등감과 자기 연민에 빠져드는 사람들은 자기 자신을 너무 심각하게 봅니다. 영화에서 고통을 받고, 그 때문에 괴로워하고, 그런 사람들을 보면 길거리에서 소리를 지르고, 웃통을 벗은 채 뛰어가고, 술을 마시고 난리를 치는 건 괜찮아요. 그런데 실제로 옆에서 그러면 싫잖아요. 굉장히 달라요. 영화에서는 그럴싸해 보입니다. 세상의 고민을 싸안고 있는 것 같죠. 그렇게 자기 고민에 빠져 고통스러워하고 난리치는 사람들이 있어요.

모든 사람은 자기 삶의 주인공입니다. 이것만은 꼭 기억하고 있어야 해요. 세상에서, 더 넓게 말하자면 우주에서 우리는 잘해야 조역 아니면 항상 단역입니다. 그 경계가 구별되어 있지 않아요. 그래서 저는 주체성을 가지고 뻔뻔한 태도를 보이고 싶어요. 내가 이것도 할 수 있고 저것도 할 수 있다고, 내 한계를 아는 선에서 내가 건드리면 무엇이든 할 수 있다고 생각하지요. 단, 그것은 내가 주인공인 나의 영화에서의 일이지, 주변 사람들한테까지 내가 주인공이 되려고 해선 안 됩니다. 아무리 가깝고 아무리 사랑하는 사람이라도, 그들은 항상 조역이나 단역이에요.

이러한 두 가지를 구별하면 자기 연민이나 찌질함 같은 것이 어느 정도 해결되더라고요. 마음속으로만 나 자신을 영화의 주인공처럼 생각하라는 거죠. 아무도 우리를 영화처럼 지켜봐주지 않아요. 영화가 괜찮아 보이는 건 수많은 관객이 그 사람의 내면을 보고 있기 때문입니다. 우리의 내면은 누가 지켜봐줍니까. 활짝 열어놓는다고 음악도 깔리고 배경도 있는 영화처럼 멋있게 보이나요? 아니잖아요. 그렇게 되면 안 되죠. 자기 자신을 모든 것에 심각한 문제로 끌고 오면 실망하기 일쑤입니다.

그다음으로 문제가 되는 건 초조함이에요. 우리나라 사람들은 정말 심각한 편입니다. 물론 사회적인 이유도 있을 테고 이런저런 배경도 있겠지요. 여기서 잠깐 초조함에 관련된 이야기를 하나 해드릴게요.

재일교포 2세인 서준식과, 그의 형인 서승이라는 분이 있습니다. 형제가 재일교포 2세라 한국말을 잘 못했어요. 이분들이 1970년대에 남한과 북한을 왔다 갔다 했어요. 지금은 어떻게 생각할지 모르지만 그 당시 재일교포들에게는, 특히 2세들에게는 남한이나 북한이나 다 같은 한국입니다. 조국을 왕래한다는 생각으로 다녔던 것입니다. 그러다가 남한에서 간첩 혐의로 붙잡혔습니다. 당시 형은 스물일곱 살, 동생은 스물네 살이었어요. 형은 고문을 견디다 못해 난로를 끌어안고 자살하려다가 얼굴에 흉터만 남았고요. 둘 다 대학을 다니던 엘리트예요. 그러고선 형은 19년간, 동생은 17년간 옥살이를 했어요. 그사이 어머니도 돌아가셨어요. 형제가 20대인 1971년에 감방에 들어갔다가 40대가 되어서야 바깥세상으로 나옵니다.

한국에서 제가 찾아뵈었던 게 2000년대 초예요. 그때 한국에서 여전히 인권 운동을 하고 있었어요. 아직도 한국말이 조금 어눌한데, 제가 뵈러 갔을 때 서승 선생님이 책을 한 권 꺼내 직접 사인해주면서 이렇게 써주었어요.

'초조해하지 말기.'

이런 분이 초조해하지 말라고 하면 토 달지 말고 무조건 초조해하지 말아야지 어떡해요. 우리가 초조해하는 건 얼마나 하찮은 일입니까. 정말 대부분은 전혀 초조해할 필요가 없는데도 초조해하잖아요. 이분은 죄를 짓지도 않았는데 이상하고 정말 잘못된 시간과 공간이 일그러져서 만든 차원에서 자신의 청춘을 몽땅 잃어버렸어요. 그 당시 우리나라 감옥이 어떠했겠어요. 군사정권 시절이잖아요. 독방에서 7년간 지냈어요. 부모님도 돌아가셨어요. 형은 고문을 견디지 못하고 자살을 시도하다 화상을 입었어요. 그런데 초조해하지 말라 하더라고요. 이분보다 우리가 더 초조해해야 할까요? 초조해하지 않아도 됩니다. 대부분은 시시한 일입니다. 지나가고 가면 아무것도 아니고 지나가지 않은 일이라도 사실 아무것도 아닙니다.

초조해하면 내 정신을 갖고 살 수 없습니다. 왜냐하면 우리나라에서는 주변에서 너무나 많이 찌르기 때문이에요. '너 그래도 되니?', '너 뭐하고 있는 거냐?', '네 계획은 뭐야?', '너 어떻게 살래?'라면서 끝없이 초조함을 강요하는 사회입니다. 고대 그리스의 철학자인 세네카는 이렇게 말했습니다.

'모든 잔인함은 약함에서 나온다.'

우리는 악에 관해 자주 얘기하는데, 진짜 악은 없는 것 같아요. 소위 말하는 '순수 악', 특히 지독한 관념을 오랫동안 믿어온 서구 사람들은 그런 악이 악마에게서 비롯된다고 여기는데, 사실은 우리 인간의 나약함이 악한 생각과 행동을 만들어 낸다고 생각합니다. 대부분의 악은 진짜 악이 아니에요. 나약하고 비겁하고 조급하면 문제를 직시하지 않아요. 파악하지도 않고 자꾸만 피하려 하죠.

단지 내가 나서서 좋은 일을 하는 게 아니라 나의 표현과 약함을 합리화하기 위해 상대를 나쁘게 만들어야 합니다. 그래야 내가 스스로 부끄럽지 않으니까요. 자기를 보호하기 위해 약자를 최대한 나쁜 존재로 만들죠. 이런 문제가 정말 중요합니다. 만약 선과 악이 있다면 우리는 선을 선택한다고 말해요. 내가 악하지 않다고 말해요. 내가 악마의 꾐에 넘어가지 않은 거잖아요.

근데 약함은 훨씬 쉽게 우리한테 와요. 왜냐하면 우리가 실제로 정말 약하거든요. 강하지 않아요. 이런 약함은 너무나 쉽게 우리를 유혹합니다. 그러면 나도 모르게 그 악한 생각과 행동을 하고 있는 지점이 생깁니다. 나를 방어해야 하니까요. 이런 사람이 우리나라에 너무나 많습니다. 한국에서 잘 살려면 약해져선 안 되죠.

편견은 마음의 문을 닫게 한다

세상에는 정말로 악한 개인 혹은 나쁜 놈이 있겠죠. 어느 사회나 똑같아요. 세상에는 좋은 사람도 있고 나쁜 사람도 있습니다. 그게 다예요. 그래서 사람을 인종이나 종교나 정체성 같은 걸로 평가해선 안 되는 겁니다. 그 사람의 덕성이나 단점 같은 것을 알기 전에 이미 그걸로 평가해버리는 경우가 너무 많습니다. 저도 여행을 하면서 인종차별을 겪었어요. 그 기분이 얼마나 더러운지 아세요?

제가 실수한 일이 있었어요. 4년 전쯤 산티아고 순례길을 여행하면서 첫날 피레네 산맥을 넘을 때였어요. 카페에서 9킬로미터를 올라가면 나오는 식당에서 나이가 조금 들어 보이는 사람을 만나 25킬로미터를 함께 걸었는데 피부색이 아주 까맸어요. 그가 두르고 있는 수건에 한글로 '대구 파티마병원'이라고 쓰여 있었어요. 저와 친해질 수밖에 없었죠. 옆에 앉아 식사하다가 그 수건을 본 거예요. 그래서 영어로 이게 뭐냐고 물어봤더니, 자기가 탄자니아 사람인데 대구 파티마병원에 갔다는 거예요. 가톨릭계인 파티마병원에서 탄자니아로 선교 활동을 하러 왔을 때, 거기서 치료를 받고 수건도 하나 받았을 거라고 생각했죠. 이분의 탄자니아 집에는 수건도 없을 텐데, 한국 수건을 받아서 여기까지 갖고 다닐 정도로 좋아하는구나 하는 생각이 들잖아요. 웬만한 사람들은 다 이런 생각이 들 거예요. 그렇죠?

그러고는 함께 걷기 시작했죠. 근데 이야기를 나누다 보니 영어를 굉장히 잘하는 겁니다. 탄자니아 사람이라는데 말이에요. 갑자기 궁금해졌어요. 무슨 일을 하느냐고 물어보자 가톨릭 신부라고 하더라고요. 그래서 "아, 예"라고 대답했죠. 탄자니아에도 성당이 있겠지? 아무것도 모르니까 아무렇게나 생각하는 거죠. 세렝게티 초원에 성당 건물이 하나 서 있고 거기에 정문이랑 차고 하나, 그리고 수건 하나 걸려 있고요. '마사이족 사람들도 오겠구나!' 하는 생각을 하는 거예요.

산티아고 순례길이 스페인에 있다 보니 그곳 사람이 많아요. 스페인 사람들이 많이 걷고 있는데, 이분이 스페인어도 정말 잘하는 거예요. 그리고 조금 더 걷다가 이탈리아 사람들을 만났는데 이탈리아어도 잘하지 않겠어요. '이거는 좀 이상하지 않나? 세렝게티 초원의 정기로 해결될 문제가 아니다'라고 생각하는 중에 쉼터가 나와 30분 정도 쉬기로 했어요. "실례지만 뭐하는 분이세요?"라고 다시 묻자 아까처럼 신부라고 대답하는 거예요. 신부인 건 알겠는데, 제가 보니까 학식도 높고 말씀하는 게 보통이 아니라고 했더니 "아, 제가 바티칸에 있는데요……" 하는 거예요.

"아, 잠시만요. 로마 바티칸의 신부님이세요?"

알고 보니 탄자니아에서 가장 큰 수도원의 원장이었습니다. 그 수도원에서 몇 년간 일하다가 교황의 부름을 받아 바티칸으로 갔답니다. 로마에서 신부 생활을 한 지 꽤 되었고, 특히 유색인종이나 흑인들의 교류를 많이 시켜주는 굉장히 높은 분이었어요. 그리스어, 영어 등 7개 국어를 구사한다는 거예요.

그 이야기를 듣자 조금 전까지 내가 생각했던 게 얼마나 근거 없는지 되돌아보게 되더군요. 탄자니아 출신이라는 말을 듣는 순간 세렝게티 평원이 떠올랐고, '파티마병원'이라고 쓰인 수건을 보고 한국의 선교사가 왔을 거라고 생각했다는 것이요. 이런 분이 한국을 방문하면 정말 가톨릭의 큰손님으로 오는 거죠.

어쨌든 제 맘대로 판단했다는 거예요. 무식하고 불쌍하고 가난하다고 생각해버린 거죠. 1분 만에요. 물론 그분을 나쁘게 대하지도 않았고, 설령 끝까지 몰랐더라도 절대로 나쁜 행동을 하지는 않았을 겁니다. 무시하지도 않았을 테고요. 하지만 제가 아무리 좋은 마음으로 도우려 할지라도 그런 편견을 갖고 있으면 문제가 생겨요.

인터넷에 올라온 어떤 글을 보았어요. 이분은 시각장애인인데 웬만한 일은 혼자서 다 합니다. 그런데 사람들이 너무 도와주려 하고, 심지어 장애인이라는 이유로 아기를 대하듯 하거나 반말을 한다는 겁니다. 예를 들어 뇌성마비 환자들은 근육만 문제가 있지 정신은 일반 사람들과 똑같아요. 그런데 장애인을 도와준다는 아주머니들은 '아이고, 그래' 하면서 아기 취급을 합니다. 뇌성마비에 대해 잘 몰라서 그래요. 몸이 저러니까 지능에도 문제가 있다고 생각해버려요. 알고 보면 뇌성마비 환자는 서른이 넘었는데 기껏해야 아주머니는 마흔이에요.

이러한 편견은 대부분 인간을 위한 것이 아닙니다. 어떻게든 인간을 규정짓고 억압하는 것입니다.

저는 사람이 무엇인지 알고 싶어요. 왜 태어났는지 알고 싶어요. 대단한 이유가 있어서 제가 태어났다고 생각하지 않아요. 종교도 없고 나에게 어떤 우주적 사명이 있어서 태어났다고 생각하지도 않아요. 그건 여러분도 대개 비슷할 것입니다.

그런데 사람으로 태어났잖아요?

저는 가장 사람답게 살아가는 것이 무엇인지 가장 궁금해요. '꼭 인간이 되어라'라는 이야기를 하려는 게 아닙니다. 삶은 긴 순간까지 이어지는 '조각 작품 만들기'입니다. 조각 작품을 만들면서 돈도 벌고 성공도 하는 거죠. 만약 한순간이라도 긴장을 풀면 끌이 튀어나가면서 작품의 한 부분이 '팍' 깎여버려요. 망가진 작품을 다시 고치기는 정말 어렵습니다. 게다가 나중에 내가 정신을 차렸을 때 얻는 것은 그럴싸한 작품이 아니라 이래저래 찔러본 상처만 가득한 돌덩어리일 거예요.

그러니 무엇을 할까 고민하지 말자는 거죠. 무엇이 될까 고민하지도 말고 '나 자신'이 되기 위해 고민을 해야 돼요. 내가 뭔지는 당장 안 찾아져요. 죽을 때까지 안 찾아집니다. 하지만 스스로를 찾아가는 과정에서 '충만함'이라는 것이 생겨납니다. 저는 그렇게 믿고 있습니다.

제가 좋아하는 말 중에 하나가 '사람은 딱 짐승이 아닌 만큼만 사람'입니다. 우리는 짐승이 아니고, 짐승이 아닌 만큼만 딱 사람인 거죠. 그러니까 내가 인간으로 태어나 짐승으로 살지 않으려면 어떻게 살아야 할까, 그런 것들을 삶의 과정에서 느낄 수 있는 것이라고 생각합니다. 그러면서 점점 내가 되어가는 것이죠. 완성되지 않더라도 어제보다 오늘 더 내가 되어갔으면 좋겠어요. 주어진 어떠한 것에 의하지 않은 내 선택에 따라서요.

그래서 하나만 더 말하자면, 역사와 과학에 관심을 가져보세요. 역사는 사람이 소통하는 방식이고, 과학은 우주가 소통하는 방식이거든요. 저는 역사와 과학을 통해 많은 깨달음을 얻었습니다. 많은 책을 읽을 필요도, 많은 공부를 할 필요도 없습니다. 다만 역사와 과학을 알게 되면 내가 살면서 일상적으로 항상 존재하는 것들, 내 주변의 당연한 것들을 새롭게 느끼며 생각하게 됩니다. 내가 알고 있다고 생각하는 것들을 사실은 모르고 있었다는 걸 알게 되지요. 주변을 신기하게 느끼게 되고, 그러면서 사람이 되어간다고 생각합니다.

제 5 강

진심이 통하는
스토리텔링

김우정

김우정

대학에서 임상병리학과 경영학을 전공하고 축제 기획사의 마케터로 활동했다. 2003년부터 창
작공연의 기획·제작을 맡고 소극장을 운영했다. 2005년에는 국내 최초의 문화 마케팅 기업인
'풍류일가'를 창업했다. 2006년부터 2009년까지 충무아트홀 문화예술원에서 문화 마케팅 전
문가 과정 학부장으로 겸직했으며, 2012년 국내 최초의 기업 예술교육 전문 기업 '팀버튼'을 설
립했다. 2015년에는 글로벌 MCN 그룹 '제다이'를 설립해 대표이사로 활동하고 있다.

저는 우리나라 최초로 문화 마케팅 기업을 설립하고 기업 예술교육을 주도해온 스토리텔러입니다. 부끄럽지만 저는, 사회적으로 성공했다고 인정받는 스토리텔링 사업가 중 한 명입니다.

스토리텔러에게는 말할 것도 없이, 이제 모든 분야에서 스토리텔링은 곧 전략입니다. 마케팅과 기획뿐 아니라 판촉과 제작, 각종 서비스 등 업무 분야에 스토리텔링이 주효하고 일상적인 업무, 즉 메일을 보내거나 미팅을 하거나 계약을 맺을 때도 스토리텔링은 매우 중요합니다. 개인이 자기 삶의 서사를 잡아나가는 데도 스토리텔링에 의지할 만합니다.

저는 성공하는 스토리를 만드는 방법에 대해 이야기하려 합니다. 제가 알고 있는 비법을 여러분과 공유하여 모두가 어떤 상황과 장면을 하나의 서사 속에서 인식하고, 그 서사를 반전시키는 묘안을 만들어내는 데 활용하기를 진심으로 바랍니다.

스토리텔링이 업무의 주요 영역이라면 더욱 주의 깊게 읽어주십시오. 제가 15년 이상 경험적으로 체득하고 입증한 원리와 방법이기 때문입니다. 키워드는 '진심'입니다.

믿는 것을 보는 관점

일단 이 이야기를 들으려면 훈련이 되어 있어야 합니다. 여러분은 평소에 믿는 것을 보는 편인가요, 보는 것을 믿는 편인가요? 보는 것을 믿는 사람이 7 대 3 정도로 훨씬 더 많습니다.

이런 관점을 심리학 용어로 각각 '휴리스틱heuristic', '시스티매틱systematic'이라고 합니다. 휴리스틱은 믿는 것을 보는 것입니다. 휴리스틱한 관점을 갖는 사람을 보이지 않는 것을 보는 사람이라고 말합니다. 공학적으로 설명하면 단서 중심적 사고입니다. 보는 것을 믿는 관점, 즉 시스티매틱은 체계 중심적 사고예요. 인간은 대부분 스스로가 체계 중심적 사고를 하고 있다고 생각합니다. 하지만 정말 우리가 체계적인 사람일까요? 우리는 그렇게 체계적으로 살아가지 않습니다. 무언가를 선택할 때 우리는 70퍼센트 이상 휴리스틱을 씁니다. 단서 중심적으로 보고 다 파악했다고 생각합니다. 믿는 거죠. 우리가 얼마나 휴리스틱한 사람인지 그 증거를 하나씩 보여드리겠습니다.

첫 번째 증거입니다. 우리가 투표를 한다고 생각해보세요. 얼마나 중요한 순간입니까? 이때 시스티매틱해야 할까요, 휴리스틱해야 할까요? 당연히 시스티매틱해야 옳습니다. 체계적으로 사고해야 하니까요. 미국과 캐나다에서 선거와 관련해 6년간 연구를 했습니다. 그 결과 선거에서 얼굴이 매력적인 후보자가 2.5배나 높은 득표율을 기록했습니다. 놀라운 건 투표를 한 유권자들 중 74퍼센트가 자신은 외모를 보고 투표하지 않았다고 생각한다는 겁니다.

다음으로, 판사가 평결하는 장면을 생각해볼까요? 굉장히 중요한 순간이죠. 우리나라는 검사가 구형을 하고 판사는 판결만 하지만, 미국은 대부분 판사가 배심원들과 함께 결정합니다. 미국과 캐나다에서 조사를 했는데, 꾸미지 않은 흑인 여성과 예쁘게 생긴 백인 여성이 똑같은 절도죄를 지었어요. 그런데 흑인 여성은 징역 8.9년이 선고되었고, 백인 여성은 5.1년이 선고되었습니다. 이 연구 결과를 판사들에게 보여주었더니 판사들이 "우리는 그런 사람들이 아니다!"라고 해서 다시 실험해보았습니다. 같은 여자를 화장한 상태와 화장하지 않은 상태로 재판에 출두시켰습니다. 어떤 일이 벌어졌을까요? 화장을 했을 때 형량이 6개월 줄어들었습니다. 믿기 어려울 거라 생각합니다. 자타가 공인하는 지성인들도 휴리스틱에서 벗어나기 어렵다는 말입니다.

자, 두 대의 차를 상상해보세요. 같은 자동차인데 왼쪽 차는 국산 브랜드의 로고를 붙이고, 오른쪽 차는 해외 유명 브랜드의 로고를 붙여놓았습니다. 어느 쪽에 더 마음이 가나요? 저는 강연을 다니며 이 두 장의 사진을 청중들에게 직접 보여주고 선호도를 물어보았습니다. 오른쪽이 압도적으로 많습니다. 두 차는 부속품과 기능, 성능이 모두 동일합니다. 그런데 왜 오른쪽이 더 좋아 보일까요? 로고 때문입니다. 로고는 이미지가 아닙니다. 여러분이 믿고 있는 그 무언가의 총체입니다.

동대문에서 판매하고 있는 이미테이션 제품의 겉모양은 명품과 거의 동일합니다. 그러나 사람들은 진품을 원합니다. 디자인도 소재도 거의 동일한데 열 배나 높은 가격을 주고라도 진품을 갖고 싶어 합니다. 왜일까요? 진품에 대한 특별한 가치 부여가 있기 때문입니다. 이것이 바로 휴리스틱입니다. 우리 모두는 휴리스틱한 사람입니다. 여러분이 만약 스토리를 만드는 사람이라면 대중의 휴리스틱한 관점을 알아야 좋은 이야기를 만들 수 있습니다.

불가능을 뛰어넘는 통찰의 힘

우리가 성공하느냐 마느냐는 좋은 선택을 받느냐, 못 받느냐의 문제예요. 결혼도 직장도 마찬가지죠. 결국 어떻게 하면 선택받는지만 알면 인생이 달라지지요.

이미 1977년에 세계적인 학자 아모스 트버스키Amos Tversky 와 대니얼 카너먼Daniel Kahneman이 이를 증명해놓았어요. '속성비교이론Feature Matching Theory'이라고 부르는 것입니다. 지금까지도 이 이론은 깨지지 않고 있습니다. 트버스키는 심리학의 대가로 불리는 세계적인 인지심리학자입니다. 카너먼은 노벨 경제학상을 받았는데 수리 심리학자이기도 해요. 숫자로 심리학을 연구하는데 경제학상을 받을 만큼 천재적인 사람입니다. 선택이론이라고도 하는데, 이 두 학자가 공동연구로 증명한 거예요. 인간은 어떻게 선택하고, 어떻게 하면 선택을 받는가의 문제에 대해서 말이지요.

우리는 선택을 할 때 결국은 수많은 대안 중에 하나를 선택합니다. 거기에 어떤 사고의 프로세스가 일어나는지 찾아야합니다. 사람들은 마지막에 두 가지 대안을 남겨놓고 0.4초밖에 안 되는 순간에 그 두 가지의 공통된 속성을 삭제합니다. 음료수의 가격이 같을 수도 있고, 코카콜라와 펩시콜라는 콜라라는 속성이 같지요. 약분한다고 생각하면 됩니다. 단 0.4초 만에 말이지요. 소개팅이나 미팅 자리에도 이런 전략을 가지고 나가면 됩니다. '튀는 게 중요하다'라는 우스갯소리가 증명되는 겁니다.

그럼 뭐만 남죠? 공통된 속성이 삭제되었으니 대안 1의 독특함과 대안 2의 독특함만 남겠죠. 그리고 0.1초밖에 안 되는 짧은 시간에 하나를 좀 더 나은 것으로 평가하고 다른 하나를 나쁜 것으로 평가합니다. 그럼 소비자의 선택은 당연히 좀 더 나은 것으로 귀결됩니다. 이 프로세스가 일어나는 데 단 1초가 걸립니다. '첫눈에 반한다'는 말은 과장된 표현이 아닙니다.

그렇다면 스토리를 어떻게 만들어야 할까요? 독특하고 좀 더 낫게 여겨지는 스토리를 만들어야지요. 어떻게 하면 그런 스토리를 만들 수 있을까요?

이런 관점을 흔히 대중적 용어로 통찰이라고 합니다. '인사이트insight'라는 말로도 많이 쓰입니다. 독특한 지점을 만들어나갈 수 있는 사람은 통찰력을 그 원동력으로 씁니다. 통찰이라는 말을 영어로 풀이하면 'Discover truth under the surface', 즉 표면 아래에 감춰진 진실을 찾아내는 것이지요. 다시 말해 사람들이 표현하지는 않지만 좋아하는 것들을 찾아

내는 일이에요. 영어 '인사이트insight'를 쪼개볼까요? '안쪽in'
을 '본다sight'는 겁니다. 안쪽을 보려면 어떻게 해야 할까요?
꿰뚫어보아야 합니다. 통찰의 눈을 가지고 있으면 앞면만 보
고도 옆면을 볼 수 있게 됩니다. 그렇기 때문에 통찰은 불가능
하던 상황도 가능한 상황으로 바꿔주는 마법 같은 힘을 가지
고 있습니다.

통찰은 타고나는 게 아닙니다. 훈련을 통해 누구나 통찰력
을 키울 수 있습니다. 통찰력을 타고난 사람도 있습니다. 그런
사람은 천재라고 불리지요. 대부분의 사람들은 훈련을 통해
통찰력을 높입니다. 이제 통찰력을 높이는 훈련법의 요체를
알려드리려 합니다.

키워드는 세 가지입니다. '결핍', '모순', '왜곡'입니다. 이 세
가지가 무엇인지 알고 꾸준히 일상생활에 적용해보는 훈련을
해나가면 됩니다.

■ **결핍**

일상생활 속에 넘쳐나는 결핍은 불편함입니다. 불편을 끄집
어내어 해결한다면 어떤 일이 이어질까요?

일본인 이노우에 씨는 야간 경비로 일하던 사람이었습니다.
겨울에 근무하다가 추워서 난로를 켜놓았어요. 그러고는 공기

가 건조한 때라 난로 위에 주전자를 올려놓았는데 깜빡 잠이 들었습니다. 얼마 지나지 않아 물이 끓으면서 뚜껑이 덜거덕거렸습니다. 평소에 굉장히 예민한 그는 그 소리 때문에 잠을 이루지 못했습니다. 이에 화가 난 그는 잠결에 송곳을 들고 와 주전자 뚜껑에 구멍을 뚫었습니다. 그 구멍으로 수증기가 빠져나가자 더 이상 뚜껑이 덜그럭거리지 않았습니다. 그 뒤 이노우에 씨는 이것으로 특허를 냅니다. 지금 여러분이 쓰고 있는 모든 주전자에는 이노우에 씨의 특허비가 들어가 있습니다. 송곳으로 구멍을 뚫었을 뿐인데 말이지요.

별것 아니라고 생각할 수도 있습니다. 하지만 그렇지 않습니다. 대부분의 사람들은 그와 같은 일이 벌어지면, 즉 결핍을 찾아도 피하거나 돌아가거나 남에게 일임합니다. 이노우에 씨는 직접 해결했습니다. 적합한 방법도 찾아냈고요. 송곳으로 어딘가에 구멍을 뚫는 건 어려운 작업이 아닙니다. 다만 결핍의 상황에 그런 해답을 적용해보느냐 아니냐만 다를 뿐인데, 그 차이는 실로 어마어마합니다.

예전에는 김장을 하면 땅을 파고 독을 묻었어요. 이게 얼마나 큰 집안 행사였냐 하면, 모든 친척이 모여 김장독 묻는 일을 도왔습니다. 김장하는 날이면 남자들의 볼멘소리도 심심치 않게 들렸습니다. 이런 불편함을 누가 해결했을까요? 김치냉장고입니다. 정확히 말하면 '만도'라는 회사가 세계 최초로 김치냉장고를 만들어냈습니다. 이후 그 회사의 성장은 말하지 않아도 예측되지요. 불편함을 찾아 적극적으로 해결하면 정말 대단한 일들이 이어집니다. 판이 달라집니다.

자, 그럼 결핍은 어떻게 찾을 수 있을까요? 어렵지 않습니다. 첫 번째로, 찾겠다는 의도가 있어야 합니다. 의도와 관심은 발견의 전제 조건입니다. 두 번째로, 개인적인 불편이 아니라 공유된 불편이어야 합니다. 모든 사람이 불편해하는 것을 찾아야 큰 성과로 이어집니다. 세 번째로, 결핍 찾기의 핵심은 사람의 말이 아닌 행동에서 찾을 수 있다는 것입니다.

1991년 경동보일러 CF에 나오는 "여보, 아버님 댁에 보일러 놓아드려야겠어요"라는 유명한 대사가 있습니다. 20년이 더 지났으니 지금은 유치하고 촌스럽게 느껴질 수도 있지요. 평소에 저도 무척이나 좋아하는 분이 이 광고를 제작했는데, 당시에 광고인 최초로 대통령 표창을 받았어요. 유심히 보면 알겠지만, 그것은 경동보일러 중에서도 가스보일러 광고입니다. 그런데 경동 이전에 가스보일러를 만든 회사가 있었습니다. 귀뚜라미죠. 이때 귀뚜라미는 어마어마한 광고를 내보며 가스보일러 시장을 휘어잡고 있었어요. 근데 당시 경동은 1,000만 원도 안 되는 예산으로 광고를 제작해야 하는 상황이었습니다. 이때 제작자의 특별한 전략이 성공의 핵심이 되었습니다.

그분은 유명 모델을 내세우겠다는 생각조차 못했습니다. 예산이 너무 적었기 때문입니다. 그 대신, 보일러를 구매하는 사람들을 쫓아다니기 시작했습니다. 구매자들의 말과 행동을 관찰하기 시작했죠. 1주일간 관찰하다가 마지막 날에 한 신혼부부가 보일러를 구매하는 모습을 목격합니다. 거기서 이제 막 결혼한 새댁이 "우리 집 보일러는 아직 쓸 만한데 시골에 계신 부모님 보일러부터 바꿔드리면 어떨까요?"라고 말하는 데서 영감을 얻습니다. 그러고 나서 이 광고를 만들었습니다.

광고 제작비는 정확히 600만 원이 들었답니다. 광고에 나오는 할머니와 할아버지는 실제 부부가 아닙니다. 각각 다른 경로당에서 모셔오고 하루 동안 찍은 거죠. 광고에 나온 집도 무상으로 빌렸는데, 그 집에 마침 황소 한 마리와 개가 있어서 무료로 출연시켰어요. 제작비가 아주 적게 든 셈이죠. 그렇게 만들어서 광고를 내보냈습니다.

그 뒤 어떤 일이 벌어졌을까요? 3일 만에 재고가 동이 났습니다. 판매가 부진하던 기름보일러와 연탄보일러까지 팔렸어요. "여보, 아버님 댁에 보일러 놓아드려야겠어요"라는 말이 어떤 결핍을 건드렸던 걸까요?

경동보일러 광고가 나온 시기는 1990년대 초반이었습니다.

엄청난 경제성장을 이루던 때였어요. 시골에서 소 팔고 쌀농사 지어서 자식들을 서울로 보냈고 직장인이라면 야근이 필수였습니다. 지금은 평계에 불과한 경우가 많지만, 그 시절에는 명절에도 근무하느라 부모님을 뵈러 가지 못하는 사람이 많았습니다. 그러니 부모님의 헌신으로 서울에 와서 직장 생활을 하고 있는 수많은 산업 역군의 마음이 얼마나 무거웠을까요? CF는 그 불편함을 정확히 건드린 겁니다. 다시 얘기하면, '나는 명절에 못 내려가더라도 보일러를 놓아드리면 불효자에서는 벗어나는 것'이었지요. 이 사례가 바로 '행동'에서 찾아낸 '결핍'에 관한 것입니다.

■ 모순

두 번째는 모순을 찾는 거예요. 모순이란 뭘까요? 충돌하는 욕구입니다. 흔히 모순되는 것들 중에 이러한 것이 있습니다. '밥은 많이 먹고 싶은데 배는 안 나왔으면 좋겠어', '술은 매일 마시고 싶은데 숙취는 없었으면 좋겠어', '공부는 하기 싫은데 성적은 잘 나왔으면 좋겠어'. 이는 모두 모순입니다. 이 모순을 해결하면 대박이 터집니다.

예를 들어 골프는 치고 싶은데 새벽에 필드 나가기는 귀찮은 모순을 실내 골프장이 해결해주었죠. 여성들의 복잡한 화장 절차를 BB크림이 해결해주었습니다. 우리나라가 BB크림의 원조 국가입니다. 또 여자분들이 시력이 나빠서 안경을 쓰면 안 예쁘죠? 누가 해결해주었을까요? 최초로 콘택트렌즈를 만든 아큐브라는 회사가 해결해주었습니다. 자동차의 힘이 강해야 하는데 연비도 잘 나오는 건 모순이죠. 그걸 하이브리드 자동차가 해결해주었습니다. 요즘은 하이브리드 자동차가 대세로 굳어지고 있습니다. 인터넷에서 정보를 찾고 싶은데 광고는 보기 싫어요. 구글Google이 해결했습니다.

마케팅은 인식을 바꾸는 일입니다. 알리고 파는 게 아니고 인식을 바꾸는 것입니다. 그래서 뜻이 중요한 게 아니라 진심이 중요합니다.

■ 왜곡

세 번째로, 편향된 왜곡을 찾아야 합니다. 왜곡을 뜻하는 영어 단어는 '스큐드skewed'입니다. 그 의미는 '한쪽으로 쏠려 있는 사고 패턴'입니다. 예를 들어 등산로에 가면 이상한 일이 벌어집니다. 등산을 할 때는 각자 올라가죠. 그런데 누군가가 하산하면서 쓰레기를 버리면, 그 자리에만 쓰레기가 쌓입니다. 사람들이 그곳에 쓰레기를 버리자고 약속하지도 않았는데 말이지요. 그러면 이것은 어떻습니까? 건물은 움직일 수 있을까요? 움직이지 않는 것이라고 여기는 것이 일반적입니다. 그것이 바로 편향된 왜곡입니다.

건물 이야기를 해보겠습니다. 한 부호가 지중해 연안에 땅과 바다를 소유하고 있었습니다. 그는 이 멋진 바다 풍경을 360도로 볼 수 있는 건물을 세우고 싶어 했습니다. 말이 안 되지요. 창문은 보통 한두 곳밖에 낼 수 없으니까요. 모든 사람이 불가능하다고 말했지만 데이비드 피셔David Fisher라는 사람은 가능하다고 했습니다. 그런 뒤, 바다 한가운데에 큰 파이프를 박고 한 층씩 슬라이드로 쌓아올리기 시작했습니다. 각 층이 분리되어 있어서 축을 중심으로 한 층씩 24시간 동안 천천히 돌아갑니다. 그러면 거실에 앉아 24시간 동안 모든 풍경을 볼 수 있게 되지요. 그럼 다시 묻겠습니다. 건물이 움직이는 게 가능한가요? 네, 움직일 수도 있습니다. 데이비드 피셔는 이렇게 말했습니다.

"세상에서 오직 나의 건축물만 움직인다."

편향된 왜곡을 찾기란 굉장히 힘듭니다. 왜냐하면 우리가 너무나 익숙한 모든 것을 다시 바라보아야 하기 때문입니다. 밥은 항상 세 끼를 챙겨먹어야 한다고 생각하는 것처럼 말이죠. 이러한 것을 찾아서 깨는 것이 편향된 왜곡이라는 키워드의 핵심입니다.

큐레드라는 회사가 있습니다. 3M에 다니던 디자이너들과 개발자들이 설립한 회사이지요. 반창고를 만드는 곳이에요. 반창고 회사들은 살색에 더 가까운 반창고를 만드는 '살색 경쟁'을 했습니다. 그런데 살색이 뭘까요? 백인, 황인은 말할 것도 없고 한국인들도 살 색깔이 모두 제각각입니다. 실제로 살색이란 없는 셈이지요. 그런데도 살색 경쟁이 벌어집니다. 즉 살색에 가까운 색상의 반창고를 만든다는 것은 거짓말이 되는 거지요.

큐레드는 이 경쟁에 깔려 있는 편향된 왜곡을 찾은 거예요. '어차피 보이니까 더 잘 보이게 만들자'라는 생각으로 반창고에 슈렉, 뽀로로 같은 캐릭터를 넣기 시작했습니다. 어떤 일이 벌어졌을까요? 매출이 다섯 배가 뜁니다. 캐릭터가 들어갔잖아요. 어린아이들이 다쳐서 반창고를 붙이는데, 상처에 슈렉을 붙이고 나면 멀쩡한 살에도 동키를 붙인다고 합니다. 다치지 않는데도 반창고를 붙이기 시작하고요. 반창고가 예쁘니까 액세서리가 되어버렸죠.

왜곡된 편향을 돌파하면 어마어마한 상황 전복력이 생깁니다. 저는 회사를 경영하는데, 직원들이 기획안을 내면 꼼꼼하게 들여다보지 않습니다. 기획안도 설득하는 글에 가깝기 때문에 쓰는 사람은 읽는 사람을 한눈에 설득시킬 수 있는 포인트를 잡아야 합니다. 제목이 제일 중요합니다. 책이나 영화 등도 마찬가지입니다. 왜곡된 편향을 이용하면 좋은 제목을 지을 수 있습니다.

예를 들어 '카리스마'라는 단어를 꼭 넣어야 한다면 그와 반대되는 의미의 단어들을 붙여봅니다. 그러면 어떤 단어가 나올까요? '따뜻한 카리스마', 언뜻 말이 되는가 싶지만 함의가 강렬하게 전달되지요. '오래된 내일', '작은 거인' 등과 같은 것들도 마찬가지입니다. 이런 것들을 모순어법oxymoron이라고 하는데, 양립할 수 없는 단어를 함께 써서 낯설면서도 익숙한 느낌을 동시에 만드는 것이 핵심입니다. 전 세계적으로 이 모순어법을 가장 탁월하게 사용한 사람이 셰익스피어입니다. 영국이 인도와도 바꾸지 않겠다던 세계적인 대문호이자, 지금도 세계에서 가장 많은 연극이 공연되고 있는 작품의 작가이지요.

::

브랜드보다 강한 스토리를 만든다

::

그렇다면 성공하는 스토리텔링의 조건은 무엇일까요? 우선 '플롯plot'에 관해 이야기해보겠습니다. 플롯이 무엇이고, 그

본질에 대해 생각해보려 합니다.

誠者天之道也 誠之者人之道也(성자천지도야 성지자인지도야)

이 말을 풀이하자면, 완벽한 것은 하늘의 길이지만 완벽해지고자 노력하는 것은 인간의 길이라는 것입니다. 울림이 있는 말입니다.

야구 선수 중에 최다 안타, 최다 홈런, 최다 타점 등 우리나라 프로야구에서 8개 부문의 신기록을 갖고 있는 사람이 있습니다. 양준혁 선수입니다. 그가 처음 야구를 시작할 때의 꿈이 무엇이었는지 아시나요? 최다 타점이나 최다 안타를 기록하는 선수가 되자는 것이 아니었습니다. '1루까지 전력 질주하는 선수'로 기록되고 싶었다고 합니다. 그래서 그는 열심히 뛰었다고 합니다. 보통 홈런 타자는 발이 느린데, 그는 병살타성 타구를 쳐도 죽도록 달립니다.

자, 그럼 스토리텔링을 생각해보겠습니다. '최다 안타', '최다 홈런', '8개 부문 신기록'과 같은 수식어는 멋있고 화려합니다. 그런데 양준혁 선수를 포장할 때 그런 수식이 좋은가요, 아니면 '1루까지 전력 질주하는 것이 꿈인 선수'가 매력적인가요? 후자일 겁니다. 그의 인간적인 진심이 담겨 있기 때문입니다. 다른 예를 하나 더 들어보겠습니다.

나는 영하 40도의 추위가 두렵지 않습니다. 나는 높은 낭떠러지가 두렵지 않습니다. 나는 열대의 태양이 두렵지 않습니다. 내가 유일하게 두려운 것은 나를 기다리는 사람에게 가지 못하는 일입니다. 단 한 사람이라도 더 행복할 수 있다면 더 험한 길도 두렵지 않은, 나는 초코파이입니다.

이것은 2011년에 나온 초코파이의 파이로드 광고에 나오는 말입니다. 이 스토리가 광고 같은가요, 다큐멘터리 같은가요? 브랜딩과 스토리텔링을 하는 사람들의 관점에서는 굉장히 잘 만든 광고입니다. 이 광고를 접하면 초코파이를 사지 않을 수가 없습니다. 초코파이를 사람처럼 보이게 했습니다. 초코파이를 우리나라를 빛낸 한류 스타처럼 보이도록 만들었습니다. 이 광고가 성공한 이유를 알 수 있습니다.

스토리텔링은 전략과 목표가 확실해야 합니다. 소비자의 심리 메커니즘이 휴리스틱이라는 건 앞서 말했습니다. 소비자의 선택을 받으려면 그들이 무엇을 좋아하는지 알아야 합니다.

오리온 초코파이의 콘셉트concept는 '정情'입니다. 20년째 변함이 없습니다. 이게 중요해요. 우리나라의 브랜드들은 콘셉트를 계속 바꿔댑니다. 갤럭시의 콘셉트가 무엇인가요? 저도 모르겠습니다. 그럼 애플의 콘셉트는 무엇인가요? 'Think Different(다르게 생각하라)'입니다. 안 바뀌잖아요. 예를 들어 드라마 「미생」이 로맨틱 코미디로 바뀌면 사람들이 시청할까요? 브랜드나 스토리는 콘셉트를 바꾸면 안 됩니다. 콘셉트를 바꾸는 건 100년이나 50년, 중장기 단위로 바꾸는 겁니다.

초코파이가 '정'이라는 콘셉트를 정하게 된 데는 재미있는 에피소드가 많습니다. 화교 출신인 오리온의 회장님이 초코파이의 콘셉트로 한자인 '정情'이 어떻겠느냐고 물어봤는데, 전문가들은 모두 반대했죠. '도대체 초코파이와 정이 무슨 연관이 있느냐'면서요. 지금은 익숙해졌지만 그 당시 대부분의 과자류 광고는 '맛있고 영양 만점' 같은 콘셉트였어요. 하지만 콘셉트를 꾸준히 이어가니까 대표적인 과자류 콘셉트가 되었습니다.

광고는 브랜드를 알리기 위한 스토리죠. 그리고 스토리도 나름대로의 콘셉트가 필요합니다. 브랜드와 연관되면서 독특한 콘셉트. 초코파이는 초코파이로 세계를 향한 실크로드Silk Road를 열겠다는 의미의 '파이로드'로 콘셉트를 잡았습니다. 지금도 그 콘셉트를 유지하고 있습니다.

플롯은 기승전결起承轉結입니다. 기승전결만 있으면 스토리가 됩니다. 뉴스는 스토리가 아닙니다. 정보죠. 드라마는 스토리입니다. 여러분, 이것을 구분하는 방법을 알려드릴게요.

예를 들어 뉴스 시간에 친구 둘이 심하게 싸웠다는 사건이 등장합니다. 이 뉴스를 보면 어떻게 반응할까요? 아마도 '저런 나쁜 놈들!'이라고 생각할 겁니다. 그런데 친구 둘의 갈등을 소재로 한 드라마가 방영됩니다. 현빈과 김강우가 친구인데 이성 문제로 심하게 다투는 거예요. 여기까지 드라마를 본 뒤에는 어떤 반응을 보일까요? '저 둘의 사이가 다시 좋아져야 할 텐데', '오해 때문에 벌어진 일인데, 진짜 미워서 저러는 건 아닐 텐데'라는 반응으로 바뀝니다. 이것이 정보와 스토리의 차이입니다.

정보에는 전轉과 결結이 없습니다. 기起, 승承, 기, 승입니다. 스토리에는 기승전결이 모두 있어야 합니다. 기는 이야기의 문제를 제기하는 단계이고, 승은 전개되는 단계이고, 전은 이야기의 방향이 확 바뀌는 단계, 즉 클라이맥스입니다. 결은 이야기가 종결되는 단계입니다.

광고는 30초, 짧게는 15초가 주어집니다. 이 시간 안에 스토리를 담기란 결코 쉽지 않습니다. 스토리를 만들 때에는 기승전결이라는 틀을 바탕으로 생각하기 바랍니다. 목표물을 명확히 정하고 거기에 좋은 플롯을 심어야 합니다. 그러면 스토리의 목표가 달성됩니다. 오래 기억시키게 됩니다.

매력적인 캐릭터를 내세운다

스토리의 필수 구성 요소 중 두 번째는 '주인공'입니다. 스토리텔링에는 캐릭터라이즈characterize가 필요합니다. 사람이, 그러니까 주인공이 등장해야겠죠. 캐릭터가 없는 이야기는 없습니다.

일본의 소설가 도몬 후유지의 소설 『불씨』의 주인공 '우에스기 요잔'은 실존하는 인물입니다. 미국에서 가장 위대한 대통령이었던 존 F. 케네디가 가장 존경한 사람이에요. 일본에서 가장 이상적인 리더입니다. 우리나라의 세종대왕과도 같은 사람입니다. 그는 우리나라의 군郡에 해당하는 번藩의 번주藩主였어요. 지금의 군수 정도 되는 거죠. 어린 시절 그는 번주의 양자로 들어와 온갖 괄시를 받았는데, 아버지가 일찍 돌아가시는 바람에 열아홉 살 때 번주가 됩니다. 이후 그는 번을 40년에 걸쳐 개혁을 실시해요. 일본에서 가장 살기 좋은 번으로 만들었지요. 그 이야기가 소설 『불씨』에 나옵니다.

주민들은 어린 나이에 번주가 된 우에스기 요잔을 믿지 못했어요. 이에 요잔은 주민들을 모아놓고 난로에서 불씨를 꺼낸 뒤 모두에게 나눠주며 번의 개혁이 성공할 때까지 이 불씨를 절대 꺼뜨리지 말라고 합니다. 이런 것을 의례[Ritual]라고 해요. 그가 갖고 있던 꿈과 철학은 '신념과 용기를 가지고 밀어붙이면 반드시 길이 열린다'였어요.

자, 이번엔 다른 이야기를 해보겠습니다. 스포츠 브랜드 아디다스와 관련된 이야기입니다. 여러분은 나이키가 좋은가요, 아디다스가 좋은가요? 나이키가 좋죠? 하지만 잠시 후면 여러분은 아디다스의 마니아가 될 겁니다. 이제부터 제 이야기에 휴리스틱을 심을 거니까요. 평소에 저는 아디다스만 신습니다. 이 이야기를 알게 된 후로 저는 나이키 매장에 절대 가지 않아요. 아디다스는 불가능을 가능하게 만드는 정신이 녹아 있는 브랜드이기 때문이에요.

아디다스가 오래된 회사일까요, 나이키가 오래된 회사일까요? 아디다스가 훨씬 더 오래되었습니다. 나이키는 1967년에, 아디다스는 1898년에 설립되었어요. 100년이 넘은 회사예요. 아디다스는 독일 회사로, 유럽 스포츠 브랜드의 자존심입니다. 반면 나이키는 미국 스포츠 브랜드의 자존심입니다. 당시엔 아디다스가 전 세계의 스포츠 브랜드를 장악하고 있었어요. 그런데 1967년 미국의 경제성장과 함께 나이키라는 브랜드가 등장하면서 엄청나게 성장합니다. 그러한 나이키도 30년 간 아디다스의 아성을 무너뜨리지 못했습니다. 특히 아디다스 가 점유하고 있는 유럽 시장을 공략할 수 없었어요. 워낙 강력 했습니다. 예를 들면 우리가 10년 전 미국에 가서 애플과 경쟁 한 것과 마찬가지인 거예요.

그 뒤 나이키가 30주년이 되는 해에 유럽 진출을 선언합니 다. 엄청난 물량을 마케팅에 쏟아붓기 시작합니다. 아디다스 의 본사가 있는 독일 뮌헨에서 세계 마라톤 대회가 개최되었 는데, 나이키는 수십억을 투자해 정식 스폰서가 됩니다. 거기 서 멈추지 않고 나이키는 출전 선수 1만 명 중 1위부터 100위 까지의 선수를 모두 후원합니다. 전쟁으로 따지자면 10만 대 군을 확보한 거예요.

자, 그럼 아디다스는 어떻게 대비했을까요? 안타깝게도 당 시 아디다스에 근무하는 사람들은 모두 침묵하고 있었어요. '우리의 시대는 끝이 났구나'라고 생각했습니다.

그런데 아침 회의 시간에 젊은 마케팅 매니저 두 명이 사장 실로 들어갑니다. 두 사람은 "사장님, 지금 이럴 때가 아닙니 다. 나이키는 마라톤의 본질을 잘못 알고 있습니다"라고 운을 뗐습니다. 사장이 "도대체 뭘 잘못 알고 있다는 것인가?"라고 묻자 마케터는 이렇게 대답했습니다.

"마라톤이 어떻게 시작된 스포츠입니까? 페르시아군에 맞서 싸운 그리스 연합군의 승전 소식을 전하기 위해 마라톤 평원을 달려 승전보를 외치고 죽은 필리피데스를 기리기 위해 만든 스포츠입니다. 그때 그 병사가 혼자 뛰었습니까, 함께 뛰었습니까? 혼자 뛰었습니다. 나이키는 마라톤을 타인과의 싸움으로 바라보고 있습니다. 하지만 마라톤의 본질은 자신과의 싸움입니다."

이 말에 사장이 "그래서 뭘 어쩌자는 건가?"라고 물었습니다.

"사장님, 저희는 마라톤에 출전한 선수 1만 명을 모두 조사했습니다. 그리고 쉰네 살이 된 사람을 찾아냈습니다. 우리는 이 사람을 모델로 쓰겠습니다. 왜냐하면 자신과의 싸움을 상징하는 사람이기 때문입니다. 이 사람의 평균 기록은 4시간 56분입니다. 이 사람이 우승하기 위해 나왔겠습니까? 아닙니다. 바로 나만의 싸움을 하기 위해 나온 겁니다."

그러고 나서 이들은 그 사람을 찾아가 모델 계약을 성사시킵니다. 마침내 대회가 열리기 전날 아디다스는 그 사람의 사진에 아디다스 로고를 넣어 유럽에서 발행되는 모든 신문에 전면 광고를 내보냅니다. 반응이 어땠을까요? 싸늘했습니다. 나이키는 우승 후보들을 데리고 다니며 인터뷰를 하는데, 도대체 이 사람은 뭐야? 알려지지도 않은 사람인데……. 당연히 상대가 되지 않았죠. 드디어 경기가 시작됩니다. 예상대로 나이키가 후원한 선수들이 우승 후보가 되어 속속 들어와요. 금메달, 은메달, 동메달…… 메달이란 메달은 전부 휩쓸어갑니다.

한편 아디다스가 후원한 사람은 평균 기록보다도 훨씬 밑인 '5시간 8분'의 기록으로 결승선을 통과합니다. 혹시 마라톤 대회에 참가해보았나요? 다섯 시간이 넘으면 더 이상 마라톤 중계를 하지 않습니다. 물도 치우고 결승선도 없애고, 기록으로 인정해주지도 않습니다. 그럼에도 아디다스는 결승선을 통과하는 그의 사진을 찍어 이튿날 다시 광고를 내보냅니다. 이번에는 이런 카피를 덧붙입니다.

마라톤은 타인과의 싸움이 아니라 자신과의 싸움입니다. 저 옛날, 홀로 마라톤 평원을 달려 승전보를 전했던 필리피데스의 죽음처럼, 우리는 자신과의 경쟁에서 승리한 이 사람을 응원합니다. 그것이 바로 스포츠의 정신이기 때문입니다. 스포츠는 살아 있다. 아디다스.

마지막 문구에 소름이 돋는 걸 느끼는 분들이 있을 것이라 확신합니다. 자, 이제 여러분은 나이키를 사겠습니까, 아디다스를 사겠습니까? 이것은 세계 최초의 마케팅 캠페인이었습니다. 'Sport is alive', 이 콘셉트는 지금까지도 바뀌지 않고 있습니다. 다음과 같은 방식으로요.

내가 어렸을 때 나는 불가능한 것은 없다고 믿었다. 못하는 게 없었으니까. 하지만 불가능은 전혀 다른 방식으로 내 앞에 찾아왔다. 크게 달라진 것은 없다. 난 여전히 네 개의 바퀴를 쓴다. 잘 보라고, 난 지금도 할 수 있어. 불가능, 그것은 아무것도 아니다. 아디다스.

아디다스와 나이키가 평생 라이벌이 될 수 있는 건 스포츠를 바라보는 관점이 다르기 때문입니다. 아디다스는 스포츠를 자신과의 경쟁으로 여기고, 나이키는 타인과의 경쟁을 강조합니다. 나이키 광고를 보면 선수들이 외계인과 경주하고, 남자와 여자가 경주합니다. 물론 두 브랜드 다 훌륭합니다.

캐릭터의 힘에 대해 생각해봐야 합니다. 한 사람을 자신과의 경쟁에서의 승리자이자 투사로 만들었습니다. 그것이 캐릭터라이즈입니다. 그리고 이야기의 시작과 끝에서 주인공이 달라져 있어야 합니다. 약해진 주인공이 강해지거나 강했던 주인공이 약해지면서, 보는 사람들이 그 캐릭터에 매력을 느껴야 합니다. 그것이 스토리의 본질입니다.

진정성 있는 감동으로 마음을 움직인다

이번에는 진정성에 대해 이야기해보겠습니다. 사자 이야기 입니다. 백화점에서 아기 사자를 보고 한눈에 반한 청년 존과 앤서니는 아기 사자를 사게 됩니다. 그들은 아기 사자에게 크 리스티앙이라는 이름을 지어주고 함께 생활합니다. 하지만 크 리스티앙의 몸집이 너무 커져 더 이상 감당할 수 없게 되었고, 결국 존과 앤서니는 크리스티앙을 야생으로 돌려보내야 했습 니다. 그로부터 1년 후, 그들은 크리스티앙이 너무 보고 싶어 케냐의 국립공원으로 떠납니다. 사람들이 위험하다고 말리는 데도 말이지요. 드디어 재회의 순간, 기적처럼 크리스티앙은 두 사람을 알아보고 달려가 안깁니다.

크리스티앙이 안기는 장면은 유튜브에서 찾아볼 수 있습니 다. 이 이야기에 우리는 울컥할 수밖에 없습니다. 왜 그럴까 요? 실화이기 때문입니다. 스토리텔링을 할 때, 가능하다면 실 화를 바탕으로 한 이야기가 좋습니다. '저게 정말 현실일까?' 라는 생각이 들면 사람들은 몰입합니다. 리얼리티, 즉 진정성의 힘입니다.

파나소닉에서 건전지 광고를 했습니다. 건전지를 사용해 하늘을 나는 비행기를 제작하며 실패와 성공 과정을 담은 이야기예요. '배터리 광고' 하면 떠오르는 것이 하나 있을 겁니다. 백만 스물하나, 백만 스물둘…… 토끼가 팔굽혀펴기를 백만 번 하는 장면을 본 적이 있을 겁니다. 그건 가짜지요. 파나소닉의 건전지 광고에는 감동이 있습니다. '작은 건전지로 무언가가 날 수 있을까?'라는 너무나 일상적인 질문으로 시작한 것이 이 광고입니다. 광고로도 리얼리티를 살릴 수 있다는 말입니다. 화려한 건 중요하지 않습니다. 보이는 것보다는 보이지 않는 것, 즉 진정성이 중요합니다.

마지막으로, 감동이 어떻게 만들어지는지에 대해 이야기해 보겠습니다. 갓 태어난 원숭이를 어미에게서 떼어놓고, 모유가 나오는 철사 원숭이 모형과 부드러운 천 원숭이 인형을 함께 놓아줍니다. 그 결과 아기 원숭이는 배가 고플 때만 철사 원숭이에게 가고, 나머지 시간은 천 원숭이에게 바짝 붙어 떨어지지 않았습니다. 고전적인 심리학 실험의 결과입니다.

2010년 오스트레일리아 시드니에서 쌍둥이 남매가 태어납니다. 쌍둥이 중 한 명은 태어난 지 20분 만에 사망했다는 진단을 받습니다. 엄마가 마지막으로 한 번만 안아보며 작별 인사를 하는데, 사망 선고를 받은 아기에게서 움직임이 느껴집니다. 엄마는 아기를 품에 안은 채 모유를 건넸고, 두 시간 뒤 아기는 눈을 떠 엄마의 손가락을 잡습니다.

이것 역시 실화입니다. 굉장히 강력하지요. 모티브는 작가가 영감을 받아 불어넣는 거지요. 그것은 곧 이야기에 사상을 담는 것입니다. 모티브를 찾는 게 전부라고 해도 될 만큼 중요합니다. 그런데 그것을 찾아내기가 참 힘듭니다. 앞서 통찰력 훈련의 키워드 세 가지를 다시 떠올려보세요. 결국 지금 사회가 결핍으로 가지고 있는 소재를 끄집어내는 것, 지금 세상이 해결하지 못하고 있는 모드를 담는 것, 당연히 그렇다고 생각하는 것을 깨는 것. 이런 것들이 모티브가 되어 좋은 이야기의 원동력이 됩니다.

2015년 카카오페이지를 플랫폼으로 연재를 시작한 「깡」이라는 웹툰이 있습니다. 스토리가 웹툰화되는 것을 제가 주도적으로 진행한 작품입니다. 이 작품은 1970년대에 일본에서 살고 있던 우리 교포들의 이야기입니다. 일본에 살고 있는 교포들은 국적이 세 개입니다. 일본, 대한민국, 북한. 국적을 선택할 수 있어요. 하지만 아직까지도 대다수의 사람들은 국적을 가지고 있지 않지요. '조선적朝鮮籍'이라는 이름으로, 무국적자 취급을 받고 있어요. 그 이유가 우선 마음을 움직입니다. 일제강점기에 끌려간 1세대가 '통일된 조국에 귀화하라'는 유언을 남겼기 때문입니다. 고국을 떠나 타국에서 자신들의 규범과 관습을 유지하며 살아가는 민족적 집단, 즉 디아스포라가 70만 명이 있는 겁니다. 그 이야기를 하고 싶었습니다.

그런데 이런 소재는 보통 재미가 없죠. 다큐멘터리가 됩니다. 그래서 실화를 바탕으로 삼았습니다. 일본의 조선인학교에서 조선어를 8년째 가르치며 봉사하고 있는 친구를 알고 있습니다. 그 친구가 들은 이야기인데, 학생들 중 한 명의 아버지가 조선학교 최고의 싸움꾼이었다는 겁니다. 일본인과 6 대 1로 싸워서 이겼다는 전설을 가지고 있더군요. 어떻게 이겼느냐고 물어봤더니 교복을 벗어 손으로 칼을 감싸고 싸웠다는 겁니다. 그 실제 장면, 거기서부터 작품을 출발시켰습니다.

대학에서 저는 지금의 나를 알고 있는 분들이 상상하기 어려운 분야를 전공했습니다. 임상병리학입니다. 학점은 4.0 만점에 1.95입니다. 제대한 뒤에는 학생회장도 맡았습니다. 지금까지 갖고 있는 제 꿈과 모티브는 모두 학생회장으로 활동할 때 만들어졌어요. 연애도 마찬가집니다. 열심히 만나고 다녔습니다. 놀 수 있을 만큼 실컷 놀았습니다. 당구도 쳤고, 밴드 활동도 했고, 응원단도 했습니다. 그 모든 것이 결국 제가 문화

사업을 하도록 이끌어주었습니다. 제 첫 번째 회사명을 '풍류일가'로 짓기도 했습니다.

현대를 경쟁 시대라고 부르지요. 공무원도 언제 어떻게 될지 모릅니다. 앞으로는 로봇이 공무원을 대체하게 될 것입니다. 그러니 스펙에 매몰되지 말고 청년들은 꼭 자신이 가장 좋아하는 것을 질릴 때까지 해봐야 합니다.

풍류일가라는 이름을 지어놓고 '놀고먹는 걸로 일가를 이뤄보자'라고 생각했는데, 정말 놀기만 하니까 회사가 돈을 못 벌었습니다. 그래서 '팀버튼'이라는 두 번째 회사를 설립했습니다. 그래도 아직까지 풍류일가는 유지되고 있습니다. 웹툰을 만들면서요. 그렇게 놀아나가는 것입니다. 여러분은 저와 다른 세대일 수도 있으니, 좋아하는 게 저와 다르겠군요. 게임을 좋아하면 더 많이 하세요. 그런데 창의적으로 하세요. 무작정 24시간 동안 앉아 있는 건 좋지 않아요. 게임뿐만 아니라 대학입시 공부도 그렇게 하면 실패합니다. 게임에도 새로운 전문 영역이 무한히 확장될 겁니다. 예를 들어 사이버 경제 같은 것이지요.

많이 배우고, 사람을 많이 만나십시오. 배워서 안 쓰는 건 없어요. 수업만 열심히 듣지 말고 이것저것 다 해보세요. 다른 학과의 수업도 들어보십시오. 제가 전공한 임상병리학이 지금

하는 일에 도움이 되지 않을 거라고 생각했지만 20년이 지나고 나니 너무나 도움이 됩니다. 이과적인 사고를 한다는 게 이 분야에서 큰 차별점이 됩니다. 주변 사람들을 도와주기도 좋습니다.

자유롭게 살면서 개인적인 일, 사회적인 일, 업무적인 일과 같은 모든 일에 스토리텔링을 적용하라! 그리고 좋은 스토리를 창조해나가라! 이것이 제가 여러분께 드릴 수 있는 진실된 제안입니다.

제6강

음악을 어떻게
들을 것인가

배순탁

배순탁

2002년 음악웹진 《IZM》의 창립 멤버로 참여하고 음악 관련 기고자로 활동하면서 평론가로 데뷔했다. 2008년부터 「배철수의 음악캠프」 음악작가로 활동하고 있으며, 2015년 MBC 방송연예대상 라디오 부문 특별상을 받았다. 현재 라디오 프로그램과 인터넷 매체, 팟캐스트, 영화 채널 등에 출연해 많은 사람들에게 다양한 음악을 소개하고 있으며 여러 지면에 칼럼을 기고하고 있다.

　저는 2008년부터 「배철수의 음악캠프」에서 음악작가로 일해왔습니다. 그 이전부터 음악평론가라는 타이틀이 붙었으니, 꽤 오랫동안 국내외 음악에 대한 말과 글을 여기저기에 늘어놓고 다녔습니다. 음악을 평론한다고 하면, 마음이 조금 불편한 사람들도 있을 것입니다.

　인간은 관성적인 존재이고 자신에게 익숙한 문화를 찾게 마련입니다. 아이돌 중심의 음악 시장은 음악을 들으려는 사람들의 선택권을 박탈해버렸습니다. 음악평론가의 힘으로 잘 팔리는 음악의 흐름을 멈추게 할 수는 없습니다. 다만 제 역할은 널리 알려지지 않았어도 좋은 음악이라면 어떻게든 대중에게 조금 더 전달하는 것입니다. 거기에 음악평론가의 사명이 있습니다. 낯선 음악에 호기심을 갖고 익숙하지 않은 것들에 대한 호의를 잃지 않는 것이 제게는 굉장히 중요한 가치입니다. 그래서인지 음악가들 중에 평론가가 자신의 음악을 더욱 공격적으로 대해주길 바라는 이들도 있습니다. 자신의 음악 인생에 도움이 된다고 여기는 사람들도 적지 않습니다. 감사할 따름입니다.

음악을 업으로 삼고 싶은데, 직접 연주하기보다 음악을 듣는 데 관심이 더 많고 평론가라는 직업을 갖고 싶어 하는 사람들이 있습니다. 그런 분들에게 제 이야기를 들려드리려 합니다. 음악평론가에 대한 제 생각을 얘기한 뒤 음악을 듣는 다섯 가지 방법을 소개하겠습니다. 제 길이 올바르니 따라오라는 건 절대 아닙니다. 제1의 원칙은, 음악은 듣는 사람의 것이라는 점입니다.

⋮

취향이 안목과 직관을 갖게 한다

⋮

음악을 평론하려면 음악에 대한 안목과 직관이 필요합니다. 이 문턱은 사실 낮지 않습니다. 그렇지만 보이는 것처럼 '좀 다른 부류의 사람들'만 하는 일도 아닙니다.

사람들은 서로 다른 취미를 가지고 있습니다. 좋아하는 것도, 싫어하는 것도 서로 다릅니다. 그런데 '선호'와 '취향'은 다릅니다. 취향은 자신의 정체성에 한 단계 더 깊이 닿아 있는 습관입니다. 호불호가 취향이라는 자격을 획득하려면 습관화와 내면화가 뒤따라야 합니다. 무언가를 좋아할 때도 그 선호를 습관화해야 비로소 취향이 형성됩니다. 안목이라는 것은 취향을 꾸준히 갈고닦았을 때 겨우 얻어지는 것입니다. 그것이 직관의 근원이기도 하지요.

이 취향을 잘 만들 수가 있습니다. 스스로 조금 강제적으로 습관을 들인다고 생각해보세요. '매주 수요일에는 아무리 친구들이 술을 사주겠다고 꾀어도 내 방에 들어앉아 음악을 듣겠다'고 스스로 강제한다면 어떻게 될까요? 그런 생각과 행동을 반복하다 보면, 어느 순간부터 수요일만 되면 설레는 자신을 발견할 수 있을지도 모릅니다.

그저 자연스럽게 무언가를 좋아한다고 취향이 형성되지는 않습니다. 무언가를 해보고 싶고, 그것을 내면화하고 싶다면 어느 정도의 강제성이 반드시 필요합니다. 그래야 자신의 취향이 개발되고 깊어집니다. 시쳇말로 '오덕' 혹은 '덕후'로 불리는 마니아적 성향이 자연 발생적이라는 건 신화입니다.

저도 처음에는 음악 자체가 좋아서 듣기 시작한 게 아닙니다. 친구들과 대화하고 싶다는 욕심에 열심히 듣기 시작했습니다. 그렇게 강제적으로 골몰하다 보니 호감이 겹치고, 평론가라는 이름을 얻게 되었습니다. 취미를 대하는 자세를 꼭 점검해보고 수정해보세요.

다양한 분야에 관심을 가져라

저는 음악 외에도 만화와 게임을 무척 좋아합니다. 제가 섭렵하고 있는 만화와 게임에 대해 방송이나 글에서 곧잘 언급합니다. 어쩌면 우리는 두 가지 유형을 지향하고 있을지도 모릅니다. 우선 하나만 죽어라 깊게 파는 유형이 있습니다. 학문적으로 어느 분야에서 전문가가 되려는 사람이 있습니다. 저는 두 번째 유형인데, 넓게 보고 알아가는 걸 좋아합니다. 글쓰기나 방송 활동도 그렇고, 다른 분야를 접목해보는 등 생각을 확장할 때 아이디어가 나옵니다.

음악평론가라고 음악만 알아서는 안 됩니다. 방송이나 저술 활동을 할 때 필요로 하는 인간상은 넓게 파는 인간입니다. 음악인이 되고 싶을 때에도, 관련된 다양한 분야에 대한 관심을 놓지 마십시오. 컵 하나를 가득 채워야 전문가가 된다고 가정해봅시다. 그러면 하나로만 채운 전문가보다 그 분야의 것은 절반쯤 채우고 책이나 소설, 영화를 접하면서 체득한 것으로 나머지 부분을 채운 사람이 훨씬 더 창조적인 인간입니다.

영화「브로크백 마운틴」과「바벨」의 사운드트랙을 맡은 구스타보 산타올라야Gustavo Santaolalla라는 사람이 있습니다. 혹시 그가 만든「라스트 오브 어스Last Of Us」라는 곡을 아시나요? 이 곡은 게임 배경음악입니다. 웬만한 게임 대상을 모두 휩쓴 걸작입니다. 구스타보 산타올라야가 게임 음악을 맡았다는 사실을 안다는 건 음악계에 몸담고 있는 사람으로서 굉장한 장점입니다. 저도 게임을 하지 않았다면 몰랐을 겁니다. 게임은 어마어마한 규모의 선호도와 시장을 갖추고 있는 문화콘텐츠이기 때문에 이 분야에 대해 전혀 모른다는 것은 한계이자 무지로 여겨질 수 있습니다.

2000년대 이후로 게임업계에 좀비물이 많이 나왔습니다. 이러한 좀비물은 세계 멸망에 대한 인간의 무의식을 반영하고 있습니다. 세계 멸망 이후를 담는 작품도 계속 나오고 있지요.「라스트 오브 어스」는 그중 가장 주목받아야 할 작품입니다. 디스토피아나 '포스트 아포칼립틱'으로 이 게임의 세계관이 묘사되는데, 이런 평가를 얻기까지 가장 중요한 역할을 한 것이 바로 구스타보 산타올라야의 음악이었죠.

음악은 어디에든 있습니다. 그렇기 때문에 다양한 분야의 지식과 소양을 갖추어야 음악을 깊이 있게 이해할 수 있습니다. 그래야 음악과 관련된 말이나 글을 짓는 평론가로서 전문성을 쌓게 됩니다.

쓸모없음의 쓸모

음악 평론도 결국에는 꾸준히 해야 합니다. 그렇다고 그것이 해결책이라고 장담하지는 못하겠습니다. 다만 한 가지를 꾸준히 하다 보면 어쩌다 기회가 올 수도 있습니다. 어쩌면 기회가 오는데 그 '어쩌면'이 오는 순간에 여러분이 꾸준히 하지 않은 상태라면, 그 기회가 획 지나가버립니다.

다행히 저는 준비가 되어 있었습니다. 자만이 아니라 사실이 그러했습니다. 없는 돈푼을 긁어모은 뒤 음악 카페에 들어가 살곤 했습니다. 신촌의 우드스탁이라는 곳에 가서 "형님, 지금부터 제가 모를 만한 음악을 틀어주세요"라고 부탁했습니다. 손님이 없는 평일에요. 그러고는 제가 모르는 것들을 일일이 받아 적었어요.

인생에서 쓸모없다고 생각하는 것들의 쓸모 있음에 대해 생각해보세요. 그런 것들이 여러분을 구원해주는 순간이 분명히 있습니다. 저에게는 음악이 그랬습니다. 쓸모없는 것들에 대한 관심이 없다면 결정적인 순간에 기댈 곳이 없어집니다. 그런 것을 보통 사람들은 취미라고 부릅니다.

사실 취미가 없어도 살 수 있잖아요. 왜 있어야 할까요? 그런 쓸모없는 것들이 가끔씩 저를 구렁텅이에서 꺼내줍니다. 그 가끔이 정말로 소중할 때가 있습니다. 삶의 순수한 에너지원이 되어주고 직업을 주기도 합니다. 최소한 나 자신이 일로든 휴식으로든, 머물 곳이 어디인지를 알려줍니다. 정처 없이 떠돌게 돌지 않도록 도와줍니다.

.

음악을 듣는 방법 1

소리를 듣는다

.

'음악을 듣는다'라고 말합니다. 그렇다면 과연 뭘 듣는 것일까요? 첫 번째로 되새겨보아야 할 점은, 음악을 듣는다는 것은 소리를 듣는 것이라는 점입니다. 록 비평가인 사이먼 프리스 Simon Frith는 이렇게 말했습니다.

"중요한 것은 사운드와 리듬, 멜로디다. 가사는 그다음 문제다."

가사의 역할을 낮춰보는 건 아닙니다. 이에 대해서는 뒤에서 언급하겠습니다.

걸어 다닐 때 음악을 듣는 분이 많습니다. 저는 아이팟iPod 으로 듣는데, 중요한 것은 이어폰입니다. 아티스트가 사운드를 만들 때에는 어떤 의도가 명확히 존재합니다. 휴대전화를 구매하면 무료 이어폰을 받게 되는데, 대부분은 아티스트가 의도한 사운드를 소화하지 못합니다. 성능이 제한적이기 때문입니다. 좋은 이어폰으로 음악을 들을 때와 그렇지 못한 이어폰으로 음악을 들을 때, 같은 곡의 멜로디와 리듬인데도 아주 다른 곡처럼 들리는 것을 경험할 겁니다. 저는 음악을 듣는 직업이라 고가의 이어폰을 사용하고 있지만, 부담감을 느끼지 않으면서 성능은 좋은 제품이 시중에 많이 나와 있습니다. 사운드를 듣는 수단을 꼼꼼히 따져 사용하면 아티스트가 만든 진짜 소리를 만날 수 있습니다.

국내 아티스트 윤상 씨의 싱글 중에 「날 위로하려거든」이 있습니다. 한국대중음악상 일렉트로닉 부문 수상작이기도 하고요. 이 곡은 어떤 이어폰으로 듣느냐에 따라 전혀 다른 음악이 됩니다. 그는 마치 360도로 회전하는 음악을 듣는 듯한 사운드를 만들어 곡에 담아두었습니다. 그런 것을 듣지 못한다면 그 음악을 들었다고 말할 수 있을까요?

사운드 설계자로서 윤상 씨의 위치는 실제로 어마어마합니다. 대한민국 대중가요가 윤상이라는 뮤지션이 등장하면서 중력 이동이 되었다고 표현할 정도입니다. 흔히 뮤지션이란 머릿속에서 멜로디가 술술 풀려나오는 사람으로 여겨집니다. 어느 면에서는 그렇지만, 그건 고전적 의미입니다. 멜로디 메이커로서의 뮤지션입니다. 그런데 국내에 윤상 씨를 필두로 수많은 아티스트가 등장해 레코딩 아티스트라는 개념을 만들어냈습니다. 레코딩 아티스트의 포인트는 스튜디오입니다. 온갖악기와 장비가 갖춰진 스튜디오라는 공간을 완벽하게 장악하고 최고의 사운드를 조합해 뽑아냅니다. 특히 이런 분들의 음악을 들을 때에는 사운드를 주의 깊게 들어야 합니다. 가사보다도 더 말이지요.

사운드를 들을 때 가장 중요한 사항 중 하나는 바로 볼륨입니다. 사운드의 볼륨은 음악의 힘을 좌우합니다. 작게 들을 때에는 별다른 감흥을 느끼지 못하다가 크게 들을 때 물밀듯한 감동을 느낀 적이 있을 것입니다. 아티스트들이 작업하는 곳에 가보면 굉장히 큰 소리로 녹음을 진행합니다. 큰 소리로 진행한 녹음을 작은 소리로 들으면 아티스트가 만든 사운드의 특색을 모두 잡아낼 수 없습니다. 폭포수를 맞거나 샤워를 하는 기분으로 볼륨을 높여 들어보세요. 이전에 들어본 음악이 완전히 다르게 느껴지는 경험을 할 수 있습니다. 볼륨이 사운드를 좌우하고, 그것을 넘어 듣는 사람의 감동을 좌우하기도 합니다.

음악을 듣는 방법 2
가사를 듣는다

사운드만으로는 부족합니다. 어떤 곡이 시대를 관통해 세대를 거슬러오면서 꾸준히 살아남을 수 있는 가장 큰 힘은 누군가가 따라 불러주기 때문입니다. 물론 연주곡 중에도 명곡이 많지만 이런저런 차트를 살펴봐도 오래 살아남아 히트한 연주곡은 많지 않습니다. 가사가 있는 곡은 따라 불립니다. 즉 어떤 음악을 명곡으로 만들어주는 마지막 요소는 가사입니다. 대중음악, 즉 팝은 누군가가 따라 불러줄 때 그 의미를 획득할 수 있습니다. 그것이 세대를 거쳐 검증을 받으면 명곡으로 자리 잡습니다.

인디밴드의 리더이자 음악평론가인 밥 스탠리Bob Stanley는 팝을 이렇게 정의했습니다.

'당신이 시골 술집에서 아카펠라 포크를 노래하고 있다면, 당신을 팝 뮤지션이라고 부를 수는 없다. 팝이 필요로 하는 것은 무엇보다 아티스트가 개인적으로 알지 못하는, 그래서 언제든 다른 뮤지션에게로 관심을 돌릴 수도 있는 관객이기 때문이다.'

매년 여름이면 영국에서 개최되는 글래스톤배리 페스티벌 Glastonbury Festival of Contemporary Performing Arts은 전 세계에서 가장 큰 축제입니다. 그해 출연진이 발표되기도 전에 표가 매진될 정도지요. 비욘세Beyonce가 출연한 영상도 있는데, 그녀는 자신의 곡인 「싱글레이디스Single Ladies」를 부릅니다. 팝 음악사에서 비욘세가 가지고 있는 일종의 브랜드가 있습니다. 페미니즘과 굉장히 긴밀하게 연결되어 있지요. 여성의 힘과 당당함을 노래하는 곡이 많습니다. 「싱글레이디스」의 가사는 이런 그녀의 브랜드에 정점을 찍습니다. 수많은 해외 여성 뮤지션이 이 노래를 따라 불러주었기 때문에, 이 곡이 각종 차트의 1위를 석권할 수 있었습니다.

가사는 영어로 '리릭스lyrics'입니다. 서정시라는 의미인데, 가사의 뿌리가 본래 시에 있다는 것입니다. 실제로 가사만 따로 떼어놓아도 엄청난 공감과 감동을 불러일으키는 노래가 많습니다. 우리나라 가요계에도 좋은 가사를 짓는 분이 적지 않습니다. 노래방에서 눈물을 흘리거나 웃으며 노래 부르는 분들이 가사가 지닌 힘의 증거입니다.

이소라 씨가 부른 「금지된」이라는 노래가 있습니다. 시적인 폭발력이 어마어마한 곡으로, 그녀가 직접 쓰고 정재형 씨가 작곡했습니다. 정재형 씨는 멜로디를 한 편의 비극으로 완성하려는 성향이 있습니다. 예전에 그가 활동했던 '베이시스'라는 그룹의 음악에도 그런 색깔이 잘 드러나 있습니다. 여기에 이소라 씨의 가사가 맞물리면서 명곡으로 인정받는 노래가 탄생했습니다. 가사 중 일부는 이렇습니다.

'검은 밤이 내 진의를 숨쉬게 하면, 얕은 잠이 새 밀회를 꿈꾸게 하면, 음험한 얘기들 못내 그리고 선행의 시간들 다 멈추니, 내 고귀한 이성이 매를 높이 들어 나를 병들게 해. 숨이 막히는 죄의식. 저 원칙의 엄숙이 자를 높이 들어 나를 미치게 해. 줄에 매인 시간들. 저기 멀리 새 밀애의 시간이 보이면, 이미 여기 내 도덕의 종말이 닥치면, 황홀의 머리를 올려세우고 굴욕의 지옥을 다 볼 테니.'

이 곡의 소재는 무엇일까요? 불륜의 사랑으로 보입니다. 하지만 신문 사회면의 불륜 사건을 볼 때처럼 이 가사의 비도덕성을 비난할 수 있을까요? '내 고귀한 이성'이라는 어구, '지옥'이라는 단어, '줄에 매인 시간들'이라는 표현은 대중가요의 가사에서 쉽게 찾아보기 힘듭니다. 문학에서 인간이 지닌 모든 마음의 단편들을 부정하지 못하듯, 이 노래의 가사에는 비난이나 도덕적 힐난보다 도리어 공감이나 이해가 뒤따릅니다. 이 노래는 제가 가장 좋아하는 곡 중 하나이기도 합니다.

:

음악을 듣는 방법 3

라임을 즐긴다

:

최근 들어 힙합의 인기가 높습니다. TV 프로그램 「언프리티 랩스타」, 「쇼미더머니」는 엄청난 관심을 끌고 있습니다. 사실 저는 힙합 분야의 전문가가 아닙니다. 현대음악의 대세가 힙합이다 보니 오랫동안 주의 깊게 살펴보게 된 것입니다. 우리말로 된 힙합 가사는 문제없이 그 특징을 이해합니다. 그런데 단어의 의미를 제대로 알기 힘든 외국의 힙합 가사들은 어떻습니까? 누구나 충분히 즐길 수 있습니다. 그것이 힙합의 핵심이기도 합니다.

아티스트 에미넴Eminem의 「루즈 유어셀프Lose Yourself」라는 곡이 있습니다. 영화 「8마일Mile」의 주제가로도 쓰였습니다. 이 영화는 인기를 끌기도 했지만 문화로서의 힙합, 그리고 뿌리 의식, 에미넴의 개인사를 모두 볼 수 있는 훌륭한 음악영화입니다.

그래미와 아카데미라는 두 시상식은 오랜 역사만큼이나 보수적인 성향을 띱니다. 그런데 이 곡이 2003년 아카데미 영화 주제가상 부문 수상작입니다. 힙합 음악으로는 처음이지요.

흑인 배우가 아카데미에서 상을 받는 데도 굉장히 오랜 시간이 걸렸다는 점을 감안해보면, 이 곡은 역사적인 의미를 지니고 있습니다. 그래미 시상식에는 기타 부문과 장르·종합 부문이 있습니다. 이 중에서 종합 부문은 '올해의 앨범', '올해의 노래', '올해의 레코드', '올해의 신인'을 통틀어 선정합니다. 그런데 종합 부문에서 힙합 뮤지션이 수상한 경우는 지금까지 단 한 차례뿐입니다. 장르 부문에 랩과 힙합이 있고 에미넴이 많이 수상했지만요. 왜 그럴까요? 아직까지 그래미 시상식에서는 힙합 장르가 다른 장르와 대등한 음악성을 지닌다고 인정하지 않기 때문입니다. 그런 보수적인 관점이 미국에 존재합니다.

엘비스 프레슬리Elvis Presley는 로큰롤을 전 세계에 최초로 전파한 사람이라 일컬어집니다. 하지만 그가 등장하기 전에도 로큰롤 가수가 아주 많았습니다. 다만 그가 세계적인 로큰롤 스타가 된 것은 백인이었기 때문입니다. 이전의 흑인 스타들은 TV에 출연하지 못했습니다. 로큰롤이 트렌드였기에 흑인처럼 노래를 부르는 백인 스타가 필요했고, 그때 엘비스 프레슬리가 등장했습니다. 인종차별이 극심하던 1955년이었지요.

1990년대에는 어떠했을까요? 수많은 흑인 래퍼가 탄생했습니다. 스눕 독Snoop Dogg이라든가 프로듀서 닥터 드레Dr. Dre,

투팍2Pac이나 비기The Notorious B. I. G. 등이 대표적입니다. 그들 중에서도 최고의 스타가 된 사람은 에미넴이었습니다. 엘비스 프레슬리처럼 백인이라는 동일한 장점을 갖고 있는데다 대중적 성공을 거둔 때가 이미 힙합이 트렌드를 장악한 이후라는 점도 비슷합니다.

그럼에도 에미넴이 힙합 장르에서 슈퍼스타가 된 것은 그의 랩이 좋기 때문입니다. 에미넴의 「루즈 유어셀프」는 가사도 정말 훌륭하고 각운이 엄청납니다. 랩의 정점을 보여준 곡이라고 평가받습니다.

:

음악을 듣는 방법 4

구조를 파악한다

:

무척 단순하면서 좋은 노래들이 있습니다. 단순한 도입부와 후렴이 주축을 이루고 중간에 약간의 변화를 가미한 게 전부인 명곡들이 있습니다. 틴에이지 팬클럽Teenage Fanclub이라는 모던 록밴드에서 활동하는 노먼 블레이크Norman Blake는 이런 말을 했습니다.

"역사상 어느 음악도 닮지 않은 음악은 끔찍하게 마련이다."

물론 음악의 혁신은 역사상 어느 음악도 닮지 않으려는 노력에서부터 시작됩니다. 하지만 대중적 관점에서 보면 노민 블레이크의 말에 어느 정도는 고개가 끄덕여집니다. 대부분의 노래는 기승전결이 명확합니다. 다소 지루하게 느껴질 수는 있지만 귀에 쏙쏙 들어옵니다.

구조를 파악하면서 음악을 듣는 방법이 있습니다. 단순한 기본 틀에 악기를 추가하거나 사운드 하나를 뒤로 빼면서 변화를 줍니다. 이런 것들을 포착하면 음악을 풍성하게 감상할 수 있습니다.

영화 「킹스맨」의 사운드트랙 중 「겟 레디 포 잇Get Ready For It」이라는 곡이 있습니다. 이 곡은 'ABAB' 구조입니다. 대중이 듣는 노래 중 약 80퍼센트가 이런 구조입니다. 'A'는 도입부이고 'B'는 후렴입니다. 'ABAB'를 반복한 뒤, 중간에 브리지 하나를 빼고 후렴 'B'를 한 번 더 반복하면서 노래가 끝납니다.

이런 곡들에서 어떻게 변화하는지 파악하며 들어보세요. 음악을 감상하는 게 즐거워지고, 곡을 만든 아티스트의 목소리가 더욱 가깝게 들립니다.

제가 「정준영의 심심타파」라는 라디오 프로그램에서 새로운 코너를 기획했는데, 스포츠 중계를 하듯 음악이 어떻게 구성되어 있는지를 전해주는 코너입니다. 음악을 들으면서 '아,

지금 베이스 들어갔죠!' 하는 식으로 한 차례 중계한 뒤에 음악을 다시 듣습니다. 청취자들이 이 코너에 대해 호평을 많이 해주었습니다.

:

음악을 듣는 방법 5
듣지 않는다

:

저는 김광석 씨의 노래를 잘 찾아 듣지 않습니다. 라디오헤드Radiohead의 「크립Creep」과 이글스Eagles의 「호텔 캘리포니아Hotel California」도 마찬가지입니다. 한때는 정말 사랑했던 곡들입니다. 하지만 너무 많이 들은 게 문제였습니다. 느낌과 의미가 닳아 없어진 듯합니다.

제 리스트에는 일부러 빼놓은 곡들이 있습니다. 저는 직업적으로 음악 평론을 하기 때문에 매일 새로운 곡을 찾고 열심히 듣습니다. 아주 솔직히 말하자면, 중고등학교 때 음악을 듣던 마음과 지금 음악을 듣는 마음이 달라졌습니다. '음악의 순수를 내준 대신 음악이라는 직업을 얻었다'라고 자조적으로 표현하곤 합니다. 마음속 깊이 감동을 남기는 곡은 애당초 자주 찾아오지 않으므로, 오래 들으려면 많이 듣지 않으려고 노력해야 합니다. 음악 듣기의 피로감을 없앨 수는 없습니다. 아무리 들어도 피로감이 늦게 찾아오는 곡들도 있지만요.

아이러니하게도, 음악을 잘 들으려면 음악을 안 들을 줄 알아야 합니다. 음악을 아껴 듣는 자세야말로 음악을 사랑하는 몇 갈래의 길 중 하나입니다. 제게는 신해철 씨의 노래들이 그렇습니다. 그의 노래를 들으면서 '음악을 통해서도 나의 미래에 대해 고민할 수 있겠구나. 뭔가 생각을 할 수 있구나'라고 처음으로 생각하게 되었습니다. 신해철 솔로 앨범의 「50년 후의 내 모습」을 들으면서 '앞으로 나는 어떤 인생을 살 것인가'와 같은 고민에 빠져들기도 했습니다. 그의 노래를 음악적인 측면뿐만 아니라 제 인생에서도 명곡으로 꼽는 이유입니다. 그래서 이 노래들은 잘 듣지 않습니다.

좋은 곡들에 대한 피로감을 의식적으로 배제하는 것, 그것이야말로 음악평론가인 나 자신이 명곡을 변함없이 순수하게 느끼도록 해주는 프로의 습관이라고 확신합니다.

음악의 시대가 아닌데도 음악은 홍수처럼 쏟아져 나옵니다. 좋은 음악, 안 좋은 음악을 구분하는 절대적인 기준은 없습니다. 호불호를 내재화하고 습관화하면 취향이 되고, 누적된 취향은 안목을 낳습니다. 그러한 안목을 가진 사람이 평론가가 될 수 있습니다.

평론가는 타인의 관점을 인정해야 합니다. 예전에 저는 아이돌 음악을 들으며 아무런 감정을 느끼지 못했습니다. 하지만 누군가는 아이돌 음악을 들으면서 커다란 위안을 얻습니다. 그 진실된 장면을 저는 평론가로서 인정합니다. 심지어 아이돌 음악도 꾸준히 발전해서 이제는 명곡으로 평가받는 노래도 다수입니다. 평론가의 결론은 어디까지나 평론가 자신의 취향을 꾸준하게 밀어붙여온 결과입니다. 그렇다고 평론가가 다른 누군가에게 감히 자기 취향을 강요할 수 없다고 생각합니다. 다만 제 자신이 좋은 평론가라면, 아주 가끔씩 설득할 수는 있겠지요.

결국 평론은 취향이자 관점입니다. 그러한 것들을 갖추려면 음악을 잘 듣고, 그 폭을 넓혀나가야 합니다. 음악에 대한 자신의 소신도 갖춰야 합니다. 저는 '아프니까 청춘'이라는 말을 굉장히 싫어합니다. 심하게 말하자면 혐오하는 쪽에 가깝습니다. 이런 시대에 자신이 끌리는 분야에 몰입하는 시간을 갖고 내공을 쌓으라는 말은 어쩌면 사치인지도 모릅니다. 하지만 그런 시간이 자산이 된다는 것은, 제가 경험으로 보증합니다. 열심히 취향을 갈고닦으시기 바랍니다.

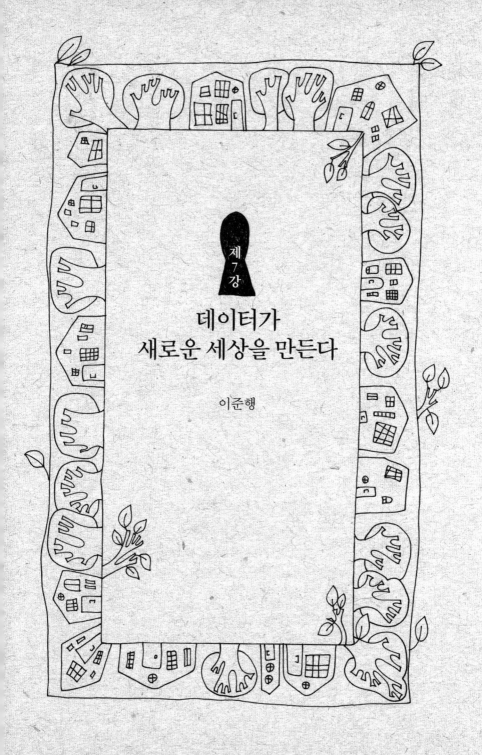

제7강

데이터가
새로운 세상을 만든다

이준행

이준행

대학에서 신문방송학을 전공하고 NC소프트, 네이버, SK플래닛에서 프로그래머로 일했다. 2010년 '북키닷컴' 등을 개발하고 2013년 '충격 고로케' 사이트와 온라인 커뮤니티 '일간워스트'를 개설했다. 현재 인디밴드들의 공연 정보를 게시하는 '인디스트릿', 읽고 싶은 책을 서재에 담고 인상적인 구절을 메모해두는 서평 서비스 '북키닷컴', 페이스북 실명과 프로필을 공개하고 채팅하는 '챗고로케', 10대들의 공간 '아이두' 등 10여 개의 사이트를 운영하고 있다.

　프로그래머인 저는 '일간워스트', '충격 고로케'와 같이 이슈화된 사이트의 개발자로 훨씬 더 주목받았습니다. 인터넷 문화, 온라인 저널리즘에 대해 가지고 있던 비판적 생각을 기술로 구현한 결과물에 사회가 의미를 부여해주었습니다. 아마도 그러한 의식을 저 혼자만 가지고 있었던 게 아니라는 반증이 아닐까요.

　개발자, 프로그래머, 데이터 사이언티스트 등은 현대에 새롭게 주목받고 있는 직업입니다. 그렇다면 어떤 과정을 통해 이러한 직업이 생겨났을까요? 그리고 우리 사회에는 어떤 현상이 벌어지고 있으며, 이들 직업의 현재 모습은 어떠할까요?

　이러한 궁금증을 하나씩 풀어나가기에 앞서 말하고 싶은 것이 있습니다. 저는 프로그래머나 개발자가 단순 기술자가 되어서는 안 된다고 생각합니다. 이제 인터넷은 사회 전체를 반영하는 거울입니다. 양극화되어가는 사회에서 소통의 단절은 인터넷에도 여과 없이 반영되고 있습니다. 하지만 일반인들이 선정적이고 과격한 인터넷 문화를 조절하고 관리하는 수단을 만들어내기란 어렵습니다. 그래서 개발자는 인터넷 문화에 대한 의식과 책임감을 가지고 있어야 합니다.

그런 의미에서 개발자의 사회적 가능성을 가늠해보고, 사회적으로 유의미하다고 평가해준 '충격 고로케'와 '일간워스트'를 만들게 된 과정을 먼저 이야기해보려 합니다. 그런 다음 프로그래머로서의 삶과 데이터 사이언스 등을 함께 살펴보겠습니다.

⋮

베스트에서 워스트로

⋮

'일간베스트(이하 일베)'라는 사이트가 사회적으로 문제가 되었을 때 저는 반신반의했습니다. 사실 '일부 회원들이 문제를 일으켰을 뿐인데 일베라는 이유 하나만으로 선량한 사람들까지 모두 나쁘다고 몰아붙이는 게 아닐까?'라고 생각한 적도 있습니다. 그래서 그냥 일베 게시글을 몽땅 긁어모아 중요 단어를 뽑은 뒤 카운팅을 했습니다. 그 결과 1위는 욕설, 2위는 여자, 3위는 노무현, 4위는 노무현의 노盧였습니다.

통계학적으로 일베는 이런 대화만 하는 사이트라는 결과가 나오자 막막했습니다. 이 리포트를 혼자 보기 아깝다는 생각도 들었습니다. 그 당시에 공개를 할까 말까 고민하고 있는데, 여자친구가 공개하면 신상이 털린다며 말리더라고요. 그러다가 아침에 출근하면서 문득 '내가 왜 겁먹어서 공개하지 못하고 있는 거지?'라는 생각이 들었습니다. 그래서 공개했습니다.

이것을 보고 한겨레신문 기자가 전화로 인터뷰를 요청했어요. 이런 대화였습니다.

한겨레 사이트를 왜 만드셨나요?
이준행 심심해서 한번 분석해봤는데 이런 결과가 나왔어요.
　　　　그래서 그냥 두기 아까워서 공개했어요.
한겨레 총평 한번 해주시죠.
이준행 총평을 할 게 뭐 있나요, 원래 똥밭인 줄 알았는데 까보니까 역시나 똥밭이었다는 결론입니다.

그다음 날 《한겨레신문》 1면에 '결론은 똥밭'이라는 글씨가 크게 인쇄되어 나왔습니다. 네이버 메인에도 올랐고요.

혹시 '충격 고로케'라는 사이트에 대해 알고 있나요? 기사에서 '충격 비주얼', '충격적', '충격', '경악', '알몸', '초토화', '헉'

과 같은 말이나 단어가 흔히 보이잖아요. 저도 이런 기사를 많이 보았고, 단순히 '클릭수 늘리려고 다들 이러겠지'라고 생각했어요.

그러던 어느 날 기사 하나를 보고 너무 화가 났어요. 아침 방송에 소향 씨가 출연해 자궁암 수술로 인해 자연 임신이 안 된다는 슬픈 이야기를 했는데, 그 내용을 전하는 기사 제목으로 '소향 씨 자연 임신 안 돼, 충격'이라고 달아놓은 겁니다.《스포츠조선》과《동아일보》에서요. 그 후에 전국의 모든 일간지에서 제목에 '충격'이라는 단어를 얼마나 달아놓았는지 뽑아보았어요. 세어보니까 하루에 100개가 넘더라고요.

이것 역시 저 혼자 보기 아까워서 사이트를 만들어 공개했습니다. '경악'도 추가해달라는 사람들의 요구에 그 수를 세어보니 '충격'만큼 나왔습니다. 이런 식으로 신문사가 사람들의 시선을 끌기 위해 반복적으로 남용하는 단어가 많았던 겁니다. 그렇게 달아놓아야 검색순위 3위 안에 드니까요. 저는 이런 기사만 따로 뽑아 모아놓는 사이트를 만들고 그에 맞는 상을 주었습니다. 이런 식으로요.

'상장 : 위 언론은 기사 제목에 충격, 경악, 결국, 멘붕을 가장 열심히 추가해서 낚시 제목 기사를 송고하여 경쟁사를 제치고 1등을 차지하였기에 노고를 치하하여 상장을 수여함.'

매일경제가 처음으로 수상했는데, 저는 그 상을 부끄러워할 거라고 생각했어요. 하지만 매일경제와 한국경제의 기자들에게 물어보았더니 '다른 언론사를 제치고 우리가 트래픽 1위를 먹었다. 실제적인 측정치를 확인했다'며 자랑스러워하더라고요. 너무 황당해서 1년치를 모아 통계해보았는데 의외의 결과가 나왔어요. 1위가 동아일보, 2위가 한국경제, 그 뒤로 매일경제와 아시아경제였으며 중앙일간지는 동아일보, 중앙일보, 조선일보 순이었습니다. 그래서 「손석희의 시선집중」 인터뷰에서 '다들 먹고살려고 그런 기사를 쓰는 줄 알았는데, 실제로 알고 보니까 저널리스트로서의 기본적인 사명감을 버린 상태라서 그렇게들 하고 있는 거였다'라고 얘기했죠.

이 사이트를 만들고 나서 뉴스에도 나오게 되었고, 그 덕분에 '우리는 충격, 경악 달지 않겠다'는 자정의 목소리를 내는 방송사도 나왔어요. 그렇지만 알다시피 지금도 전혀 바뀌지 않았습니다. 세월호 사건이 터졌을 때 '세월호 희생 고등학생 휴대폰을 열어보니, 충격'과 같은 식의 제목을 단 기사가 100건 이상 나왔습니다. 저는 그 기사들을 보며 반성할 기미가 전혀 없다는 것을 느꼈고, 더 이상 수집하지 않기로 결정했습니다. 그 후에는 '뉴스 고로케'라는 사이트를 만들었어요. 이 사이트는 포털에 통보되지 않는 비주류 매체와 독립매체의 기사만 모아 피처링하는 곳입니다.

다음으로 만든 사이트는 '일간워스트'입니다. 사실 '오늘의 유머', '여시', '루리웹' 등과 같은 커뮤니티 사이트는 돈도 안되고, 잘될 거라고 생각하지 않아서 만들고 싶지 않았습니다. 그런데 2013년 12월 '철도 민영화'에 반대할 때 '민영화'가 워낙 이슈다 보니 친구가 트윗을 날렸어요. 지금 일간베스트는 비추천 버튼을 민주화라고 쓰고 있는데 좌파 커뮤니티를 만들어 비추천 버튼을 민영화라고 해야 하는 거 아니냐고 말이죠. 이 트윗을 보고 저는 여러 사람이 멘션을 주면 민영화라고 걸어놓은 일간워스트를 만들겠다고 했습니다. 그랬더니 스무 명쯤 멘션을 줘서 사이트를 만들게 되었습니다.

그다음 날, 일간워스트가 실시간 검색어에 계속 올랐습니다. 일간베스트에서는 난리가 났고, 자기네에 대항한다고 생각하니까 게시판에 욕설이 올라오기 시작했습니다. 어마어마하게 올라오는 글을 보면서 '아, 괜히 벌집 건드렸다'고 생각했는데, 이 사람들한테 지고 싶지 않더라고요.

그래서 기술적으로 걸러낼 수 있는 방법이 있지 않을까 해서 몇 가지 규칙을 정했습니다. 일명 '방충망'이라고 부르는데, 일베에서 들어오는 사람이나 일베 용어를 쓰는 사람, 아이피를 우회하는 사람을 모두 잡아내는 겁니다. 그리고 '5·18민주화운동은 광주 시민의 숭고한 희생이다'라고 따라 써야 가입할 수 있게 했어요. 이 문구 하나를 넣어놓았더니 정말 가입하지 못하더라고요. 일방적으로 비방하는 글과 욕설을 퍼붓는 회원을 걸러내니까 나름대로 안전하고 유익한 이야기를 나누는 커뮤니티 사이트인 일간워스트가 온라인에 안착하게 되었습니다.

∶

의미를 발굴하고 실체를 밝힌다

∶

저는 프로그래머입니다. '소프트웨어 엔지니어'라고 부르는 사람들도 있지요. 그런데 프로그래머는 무슨 일을 하는 사람일까요?

우리가 알고 있는 개발자들 중에 대표적인 사람은 페이스북 CEO인 마크 주커버그입니다. 리누스 토발즈라는 사람도 있는데 리눅스라는 운영체제를 만들었지요. 이 사람이 아니었다면 우리가 쓰는 안드로이드폰도 없었을 거예요.

프로그래머나 소프트웨어 엔지니어 외에도 우리가 흔히 쓰는 용어가 하나 더 있어요. '해커' 또는 '핵티비스트'예요. 보통 해커라고 하면 부정적인 의미로 들리지요. 그래서 해킹에 활동가라는 의미를 붙여 핵티비스트라고도 불러요.

대표적인 핵티비스트로는 에드워드 스노든과 줄리안 어샌지가 있습니다. 줄리안 어샌지는 '위키리크스'라는 사이트를 만든 사람입니다. RSS를 만든 애론 스와르츠도 있어요. 그는 크리에이티브 커먼즈Creative Commons, 즉 'CC'라고 말하는 라이선스와 사이트를 만들었어요. 미국의 대표적인 커뮤니티 사이트인 '레딧닷컴'과 청원 사이트인 '아바즈AVVAZ'도 만들었고요.

프로그래머라는 직업은 그 범위가 넓고 다양합니다. 소프트웨어, 어플리케이션, 웹사이트, 게임 등을 만들기도 하지만 스크린도어 같은 기계를 제작하거나 드론(무인기)을 움직일 때도 프로그래머가 반드시 필요하지요. 최근에는 신문사가 시사나 경제적 부분을 설명하기 위해 여러 종류의 그래프와 시각적인 자료를 분석하는 작업, 즉 데이터 사이언스에도 프로그래머를 고용하고 있습니다.

이번에는 데이터 사이언스에 대해 알아볼까요? 우리 주변에는 쓸모없는 데이터도 참 많아요. 흔히 그런 것들을 허투루 넘겨버리는데, 사실은 그 하나하나에 어떤 의미가 담겨 있어요.

많은 사람들은 트위터에 저마다의 생각과 감정을 쏟아내죠. 그래서 저는 여러 사람이 쓴 트위터의 키워드를 모아 시간대별로 집계해보았습니다. 그랬더니 흥미로운 결과가 나왔어요.

한국 사람들이 가장 심심해하는 시간은 밤 10시 이후입니다. 일 다 하고, 퇴근하고, 밥 먹고 나서 뒹굴거릴 때쯤 가장 심심해하죠. 이 시간에 맞춰 광고회사는 '심심하면 게임을 하겠구나'라는 생각에 게임 광고를 많이 편성합니다. 그렇다면 한국 사람들이 가장 졸리는 시간대는 언제일까요? 트위터에서 많은 사람들이 졸리다고 외치는 시간대는 바로 아침에 일어나자마자입니다. 학교엔 가야겠고, 출근은 해야 하는데 이 시간대에 사람들은 더 자고 싶어 합니다.

또 한국 사람들이 가장 배고파하는 시간대는 언제일까요? 뻔하죠. 점심, 저녁을 먹기 전에 가장 배고파합니다. 그런데 하나 더 있습니다. 24시. 야식을 먹는 시간이죠. 한국에서 '배달의 민족'이 잘되는 이유가 있습니다. 이런 결과를 보면 원래 인간은 밤만 되면 배고파하는지 궁금하지 않나요? 그래서 일본어로 '배고프다'를 찾아봤어요. 점심, 저녁 식사 전에 배고파하는 건 똑같습니다. 그런데 일본 사람들은 밤에 배고파하지 않습니다. 일본 사람들과 달리 한국 사람들만 야식을 먹고 있는 겁니다. 이처럼 '배고프다'라는 키워드만 수집해 시간대별로 집계해보는 것만으로도 양국의 문화적 차이를 쉽게 파악할 수 있습니다.

그럼 한국 사람들이 가장 배 아파하는 시간대는 언제일까요? 사람들이 화장실에 가고 싶어 하는 시간대는 아침에 일어나자마자예요. 실제로 서울메트로의 통계를 보면 아침 출근 시간대에 화장실이 가장 붐빕니다. 그러면 원래 인간은 아침에 일어나자마자 배가 아픈 걸까요? 역시 일본어로 '배 아프다'를 찾아봤습니다. 마찬가지로 다들 아침에 일어나자마자 배 아파합니다. 그런데 한국과 조금 다른 점이 있어요. 한국은 아침 7시에 배 아파하고, 일본은 아침 8시에 배 아파합니다. KST(한국표준시)와 JST(일본표준시)는 똑같습니다. 근데 왜 한국은 7시이고 일본은 8시일까요? 일본 사람들은 한국 사람들보다 더 늦게 출근합니다. 좀 더 느긋하게 일어나 여유롭게 출근하는 거죠.

이 모든 것이 트위터에 반영되어 있습니다. 여러분이 쓰는 '배고프다', '심심하다', '외롭다'와 같이 일상적이고 단순한 트위터의 글 하나하나가 어떤 의미를 도출해낼 수 있는 소중한 데이터가 되는 거예요. 이러한 데이터는 API라는 걸 통해 얻게 되는데, API를 쓰려면 결국 프로그래머가 필요할 수밖에 없습니다.

제가 만들었던 '라디에이션 고로케'라는 사이트가 있습니다. 요즘도 막상 일본으로 여행을 가려고 하면 방사능 때문에 걱정하는 사람이 많죠? 저도 일본에 놀러가면서 궁금했어요. 일본이 한국보다 위험할까, 안전할까? 어느 누구도, 어느 방송 사에서도 분석하지 않았더라고요. 그래서 제가 한국, 일본, 중국에서 발표하는 모든 방사선 측정 수치를 모아 같은 단위로 변환해 지도에 그려보았어요. 후쿠시마는 사고가 난 지역이니까 당연히 높게 나왔죠. 그런데 오사카나 아오모리 같은 지역은 오히려 한국보다 낮았습니다. 한국이 일본보다 공간 방사선량이 높게 나왔습니다. 물론 세슘이 돌아다니는 것과 같은 위험은 있을 수 있겠죠. 그렇지만 우리가 막연히 갖고 있는 공포가 실제 수치와 달랐습니다. 이러한 사실을 누구도 알려주지 않았습니다.

많은 데이터가 데이터 수준으로만 존재할 때는 무슨 의미인지 모릅니다. 누군가가 해석해줘야 합니다. 여러 데이터를 모아 엮은 것을 메타데이터라고 합니다. 이것을 실제로 우리가 알아볼 수 있도록 하는 것을 '비주얼라이제이션visualization'이라고 합니다. 이런 것들을 다루는 게 바로 데이터 사이언스입니다.

데이터 사이언스는 타임라인, 지리 정보, 네트워크 정보 등 다방면에 활용되고 있어요. 페이스북에서 '친구 맺기'를 이용해 주커버그는 전 세계 사람들이 어떤 나라와 엮어서 친구를 맺고 있는지에 대한 지도를 그릴 수 있습니다. 여러분이 맺고 있는 모든 네트워크, 모든 친구 신청이 데이터가 되고 연결망이 되어 다른 의미로 또 분석할 수 있는 거죠.

한국의 경우 미국이나 일본과 친하고 인도네시아 지역은 동남아 지역끼리, 특히 태국과 밀접히 연결되어 있습니다. 뉴질랜드는 오스트레일리아와 굉장히 밀접하게 연관돼요. 이런 곳은 같은 동네, 같은 시장으로 묶을 수 있는 겁니다.

이렇게 인적 네트워크를 분석하는 것만으로도 데이터가 나올 수 있는데, 개발자가 이런 작업을 해요. 보통 데이터 중심으로 생각해서 접근하죠. 데이터 중심으로 생각하는 데 필요한 능력은 무엇일까요? 눈썰미입니다.

예를 들어 모 연예인의 음주운전 사건을 다들 기억할 거예요. 그는 잠깐 차를 빼다가 그랬다고 해명했죠. 그런데 우리가 살아가는 세상에는 스트릿뷰와 위성지도가 있어요. 그가 호텔에서 술을 마시는 모습, 그리고 CCTV에 찍힌 그의 자동차 사진에 세븐일레븐(편의점)이 어디 있는지, 변전소와 변압기가 어디 있는지 모두 찍혀 있어요. 이 자료로 눈썰미가 좋은 사람이 위치를 찾아냈어요.

'세븐일레븐이 어디 있고 골목길이 어디 있는데, 그러면 그 사람이 이쪽으로 차를 빼내어 가다가 걸렸을 것이다. 이것을 토대로 술을 마셨던 곳과 음주음전 단속에 걸린 곳을 찾아봤더니 임페리얼팰리스 서울 호텔에서 단속 위치까지 100미터 이상 떨어져 있더라. 그러므로 그 사람은 차를 빼다가 걸린 게 아니라 차를 몰았다.'

이런 식으로 결론을 도출해냅니다. 잠깐 차를 빼다가 걸렸다는 해명이 거짓말로 드러난 거예요. 이 사건을 누가 해결했을까요? 기자가 아니라 '엠엘비파크MLBPARK'의 네티즌이 찾아냈어요. 우리가 흔히 얘기하는 '네티즌 수사대'지요.

이런 사례도 있습니다. 선거 때 자주 보는 거죠. 승자 법칙으로 나오는 자료들만 봐서는 역시 영남은 새누리당이고 호남은 민주당이라고 생각할 겁니다. 그렇지만 이것만이 진실은 아닐 거라고 믿고 있는 사람이 있었어요. 그 사람이 실제로 데이터를 분석해 어느 당에 좀 더 치중되어 있는지를 밀도로 계산해보았습니다. 그랬더니 영남 지방이 모두 새누리당을 지지하는 게 아니었습니다. 전통적인 시골지역은 여전히 새누리당이 강세이지만 도시지역은 그렇지도 않았습니다. 잘못하면 민주당으로 넘어갈 수도 있는 상황인 거예요. 도시지역의 경우 새누리당을 전폭적으로 지지하는 성향을 갖고 있지 않다는 겁니다.

그동안 이러한 것들을 분석하는 매체는 어디에도 없었습니다. 여러 분야의 개발자들이 스스로 찾아낸 뒤 무언가를 생산

해서 얘기하고 있는 상황이에요. 그래서 이런 것들을 파고드는 것이 눈썰미인데, 그에 더해서 보는 게 통찰입니다.

그런데 이런 것들을 어떻게 다 통찰적으로 보겠어요. 그것은 사실 데이터 엔지니어의 역량입니다. 과학science과 기술 engineering의 역량은 조금 다릅니다. 엔지니어링은 이것들을 빨리 쳐내는 것입니다.

트위터에 똑같은 글을 계속해서 올리는 중복된 계정들, 즉 '알바 계정'이라고 말하는 것이죠. 국정원 여론조사 사건 때의 계정 같은 것들입니다. 그 사건 이후 이 계정들을 은폐하기 시작합니다. 온갖 트위터가 싹 지워지기 시작해요. 우리가 이것을 찾아내고 어떤 식으로 여론을 조작해왔는지 분석하려면 데이터가 지워지기 전에 신속히 확보해야 합니다. 모 매체에서 하나하나 추적해 5만 8,000개를 확보했지만 굉장히 많이 놓쳤어요. 10만 개, 100만 개 이상의 트위터 글이 있었으니까요. 모 매체가 한 달에 걸쳐 구글에 캐시로 남아 있는 것들을 복사하고 붙여넣기를 한 뒤 엑셀에 넣었어요. 그렇게 계속 넣다가 '이 래선 못 찾겠다' 싶어서 저한테 전화를 한 거예요. 그래서 제가 그냥 코드를 줬어요. 이 코드로 한 시간 만에 몇십만 개를 받을 수 있었습니다. 한 달 동안 그럴 필요가 없었던 거예요. 개발자가 한 명만 들어가도 그 일을 모두 해낼 수 있는 거죠.

국방부 대선 개입 사건 때 트위터에 '효자동 중국 대사관에서 북한 인권 시위가 있는데 광우병 시위 했던 사람들 왜 안 나가냐'라고 쓴 글이 하나 올라왔어요. 이것만 봐서는 누가 썼는지 모르죠. 그렇지만 트위터 글에는 위치 정보가 들어갑니다. 이 글을 쓴 곳은 위도 37에 경도 116이었어요. 이곳이 어디일까요? 삼각지역 13번 출구, 국방부예요. 국방부는 지도에 나오면 안 되는 곳이지만 '국방부 청사 어린이집'은 지도에 나옵니다. 국방부 청사에서 공무원이 쓴 글이었던 것입니다. 이게 들통나서 모 매체에 보도되고 국정원 사건의 실체를 모두 볼 수 있게 되었지요.

아는 만큼 보이는 현실과 미래

데이터를 다루는 역할은 데이터 사이언스data science, 데이터 엔지니어링data engineering, 데이터 아날리틱스data analitics, 데이터 비주얼라이제이션data visualization으로 나뉩니다. 데이터를 통계하는 데이터 아날리틱스와, 시각화해 사람들에게 쉽게 알려주는 데이터 비주얼라이제이션은 전통적인 저널리즘 영역에서 이미 해오고 있어요. 최근에 새롭게 요구되는 기술 영역은 데이터 사이언스와 데이터 엔지니어링입니다. 이 역할은 최근 뉴욕타임스도 찾고 있는 역할입니다.

'링크드인Linked in'이라는 구인 사이트가 있는데, 뉴욕타임스에서 데이터 엔지니어를 뽑고 있습니다. 소프트웨어 엔지니어도 뽑고 있는데 UI 센서빌리티sensibillities가 좋은, 즉 형태에 관한 감각이 좋은 사람을 찾고 있습니다. 카피 앤 페이스트(복사·붙여넣기)를 하는 해커를 찾는 건 아니라고, '스스로 소프트웨어를 만들 줄 아는 사람이면 좋겠어요'라고 써놓았어요. 어플리케이션을 처음부터 다시 만들 줄 아는 정도의 스킬을 가진 개발자가 우리 회사에 오길 원한다고 걸어놓은 상태입니다. 이처럼 외국에서는 매체에서 굉장히 많은 개발자를 뽑고 있는 상황입니다.

그렇다면 한국은 어떠할까요? 한마디로, 굉장히 암담한 상태입니다. 어떤 기술적인 부분을 활용해 취재하는 경우에 이런 일이 벌어지는데, 실제로 모 종편에서 벌어졌던 사건입니다. 모 종편에서 KBS·MBC·YTN의 모든 PC가 꺼졌던 '320 디도스' 사건을 속보로 내보내면서 앵커가 "랜선을 뽑으시고, 안철수 홈페이지에 가서 백신을 다운받으세요"라고 네 번이나 외쳤습니다. 랜선을 뽑으면 인터넷에 연결되지 않죠. 그런데도 앵커가 계속해서 네 번을 외쳤습니다. 그 과정에서 아무도 제지하지 않았어요. 생방송 도중에 앵커도, 기자도, 카메라맨도 몰랐어요. 모르기 때문에 이런 문제가 생겼던 거죠.

한국 같은 경우에는 이처럼 안타까운 상황이 벌어지고 있어서 앞으로 많은 과제가 쌓일 것입니다. 저널리즘에서 왜 개발자를 찾아야 하고 기술력을 확보해야 하는지, 이제 조금이나마 이해되었으리라 생각합니다.

앞으로 사람들의 의견을 잘 수렴하고 설파하는 데 유망한 플랫폼은 무엇이 될까요? 페이스북, 누리웹, 허핑턴포스트 등을 보면 알 수 있듯 사람들이 뉴스를 소비하는 매체가 더 이상 TV에 국한되어 있지 않습니다. 신문도 아니고요. MBC나 KBS 같은 방송 매체들은 겁을 먹고 있는 상황입니다. 이미 모든 속보는 인터넷을 통해 알려져 있는 상황이라 「9시 뉴스」를 봐도 새로운 내용이 아닙니다. 이런 상황에 맞춰 뉴스가 바뀌거나 포맷이 바뀌어야 합니다.

유망한 플랫폼이 무엇이 될 것인가에 대한 답을 내리기는 어렵습니다. 어쩌면 한 달에 한 번씩 바뀔지도 모릅니다. 오늘은 페이스북인데 내일은 피키캐스트가 될 수도 있고요. 그나마 속도가 느린 것은 디바이스입니다. 우리는 이 디바이스에 맞춰 어떤 메시지를 전달할지 다시 생각해야 합니다. 최근에는 1년에 한 번씩 모든 것이 바뀌었습니다. 무엇이 가장 유망

할지는 저도 모릅니다. 지금은 가장 유망하더라도 언제까지 그럴지는 아무도 모릅니다. 한 달, 두 달 사이에 다 바뀝니다. 매체의 변화 속도가 그렇습니다. 일단은 계속 유망한 것을 찾아 발빠르게 맞춰간다는 태도를 가져야 합니다. 현재 가장 유망한 플랫폼을 찾는 것보다 효과적인 방법입니다.

그리고 하나 더 덧붙이자면, 프로그램 엔지니어로서 정책적인 부분에 기대하는 것은 그다지 답이 되지 않는다는 것입니다. 어떤 법안을 만들어 그 자리에 계속 버티려 하는 회사가 많기는 합니다. 과거에는 소프트웨어 엔지니어 자격증을 만들려고 했습니다. 국가가 인정한 개발자 외에는 일할 수 없다는 법이 생긴 적도 있었습니다. 그런 제도가 생기고, 그것을 인정하는 국가기관이 생기고, 그곳에서 일할 사람들을 뽑기 위한 자격증이 생기고, 그런 자격을 얻기 위한 교육기관이 생기고……. 왜 이런 식으로 이상한 제도들이 생길까요? 바로 기존의 일들이 그렇게 처리되어왔기 때문입니다. 그런 것들을 잘 감시하고 고발하는 기사가 나올 법도 한데, 취재하려는 사람이 보이지 않습니다.

데이터 사이언티스트에게 필요한 공부는 정말 '모든 분야'입니다. 빅 데이터는 마케팅용으로 사용되는 경우가 많습니다. 《시사IN》이나 《한겨레신문》에서 '빅 데이터로 분석했는데 사람들의 여론이 이렇게 변했다'라는 기사가 종종 나옵니다. 네이버 댓글을 보니까 '이 사람은 보수적이었다가 진보적으로 변했다'라는 게 있어요. 그 댓글들을 모두 뽑아 통계를 낸 뒤 어떻게 변화했는지 알아냅니다.

하지만 그것만으로는 알 수 없습니다. 왜냐하면 그 단어들이 어떤 의미를 갖고 있는지 다시 한 번 해석하는 과정이 필요하기 때문입니다. 그 단어가 어떤 사회적·역사적 맥락에서 나왔는지 분석하는 사람들이 있어요. 역사학과 철학을 전공한 사람들이에요. '그래서 무엇을 공부해야 할까요?'라는 질문에 선뜻 대답하기가 어렵습니다. 다 해야 합니다. 그런 다음 그것들을 묶어내는 과정에서 '내가 자신 있는 것은 이것이다!'라고 여겨지는 것을 선택하면 됩니다.

학교나 학원, 또는 책에서 배울 수 있는 것들은 도움이 되지 않을 가능성이 높습니다. 동아리를 만들어 실제로 경험해보는 게 훨씬 더 낫다고 확신합니다. 회사에서도 신입사원을 채용할 때 경험에 더 큰 비중을 두는 경우가 많습니다. 일단 무엇이든 실제로 부딪쳐보아야 합니다.

제 8 강

내 인생의
90분

김동완

김동완

숭실대학교에서 법학을 전공한 뒤 2003년부터 국제축구연맹(FIFA) 공인 에이전트(SPORTS HAUS 이사)로, 2006년부터 축구 해설위원으로 활동하고 있다. 2006년 독일 월드컵, 2010년 남아공 월드컵, 2014년 브라질 월드컵 중계를 했으며 SBS「풋볼 매거진 골」, 네이버 스포츠 라디오「풋볼 앤 토크」등 여러 채널을 통해 10년 이상 축구 해설 경력을 쌓아왔다. 호남대, 전남대 축구 강사로도 활동했으며 최근에는 (주)코엔스타즈 소속으로 다양한 방송에 출연하고 있다.

감사하게도 지금 저는 스포츠 에이전트로 활동하고 있습니다. 그런데 저는 주입식 교육과 부모님의 교육열을 타고 별다른 포부 없이 법학을 전공했습니다. 사법시험도 준비했고요. 법조문도 외우고 스터디도 하는 공부를 열심히 했는데 아무래도 적성에 맞지는 않았던 것 같습니다. 그러다 보니 군대도 늦게 가고 이런저런 희생이 많았습니다.

그러던 제가 에이전트 시험에 응시할 때 주변 사람들의 만류가 만만치 않았습니다. 동기들은 전공을 살려 사법시험을 계속 준비하거나 법 실무 쪽으로 진출하려고 하는데 넌 왜 '그런 쪽'으로 진로를 정하느냐면서요. 과정에 대한 이야기를 이제 곧 하겠지만, 결과적으로는 제가 활동하는 분야에서 인정을 받고 있습니다. 경제적으로도, 사회적으로도 누구에게 모자란다는 소리를 듣지 않으며 살고 있습니다.

저는 조금 독종 같은 면이 있습니다. 우리 사회가 평범하다고 말하는 삶, 그러니까 고등학교 때 문과생이었다면 상경 계열로 진학해 각종 실무 자격증을 취득하거나 고등고시에 응시하여 대기업이나 크고 작은 법인에서 20여 년간 월급을 받으며 살아가는 삶을 제가 낮춰보려는 건 절대 아닙니다. 평범한 삶의 틀에서 벗어나지 않도록 하는 것이 얼마나 힘든지 누구보다도 저는 잘 알고 있습니다. 그럼에도 저는 국내에 그 영역도 생소했던, 어찌 보면 지금도 널리 알려지지 않은 스포츠 에이전트로서의 전문성을 획득하기 위해 독종처럼 달려왔습니다. 이제부터 제 이야기를, 그리고 스포츠 에이전트의 다양한 측면에 대해 이야기해보겠습니다.

:

명확한 목표, 예상치 못한 시련

:

축구는 어린 시절부터 굉장히 좋아했습니다. 고등학교와 대학교에 축구부도 있었고요. 그런데 군대를 제대한 스물여섯 살 때였어요. 우연히 《한겨레신문》을 보다가 조그만 칸에 '피파FIFA 에이전트'라는 시험 공고가 눈에 들어왔습니다. 이게 뭔가 해서 조사해보니 시험 과목이 모두 영어로 나온다는 거예요. 자신은 없었지만 민법 과목이 있어서 제 전공인 법학과도 연관되어 있겠다고 생각했습니다.

그 당시에는 스스로 영어 실력이 좀 부족하다고 여겼습니다. 영어를 잘하고 싶은 마음에 곧바로 이태원에서 아르바이트 자리를 구했습니다. 그곳의 바와 클럽, 하다못해 핫도그 파는 가게의 손님도 모두 외국인이니까 도움이 될 거라고 판단했지요. 또 대학교에 다니면서 캐나다 친구와 자취 생활을 한 적도 있습니다. 6개월 정도 함께 살다 보니 영어 실력이 일취월장하더군요. 첫 토익시험에서 750점을 받았습니다. 제 스스로도 굉장히 놀라웠어요. 신기했습니다. '아, 영어가 별거 아니구나'라고 어렴풋이 느꼈습니다. '어쩌면 내가 전혀 못할 것만 같던 일도 생각만큼은 별거 아닐 수 있겠다'는 생각도 들었습니다.

앞서 얘기했듯이, 에이전트 시험에 응시할 때 동기들에게 괄시를 많이 받았습니다. 법학 전공에 걸맞지 않은 진로를 택한다는 것이 그 이유였겠지요. 하지만 저는 전혀 수치심을 느끼지 않기로 마음먹었습니다. 기업 법무팀에서 근무하는 것보다 에이전트로 활동하는 나의 미래 모습이 훨씬 더 근사할 것이라고 확신했기 때문입니다. 에이전트 시험에 합격하고 난 뒤의 진로에 대해서도 세세하게 따져보지 않았습니다. 일단 '에이전트 자격증 취득'이라는 목표를 향해 달려갔습니다.

에이전트 시험에 합격했지만 3년 동안 들어갈 만한 회사가 없었습니다. 너무 허망했습니다. 에이전트가 되면 바로 선수와도 계약하고 돈을 벌어 잘살 거라고 꿈꾸었지요. 현실은 달랐습니다. 심지어 지하철 탈 돈도 없었습니다.

점점 악에 받치기 시작했습니다. 우선 에이전트로 일하는 관계자들에게 메일을 보냈습니다. 저는 무명이고 그분들은 바쁘다 보니 거의 답장을 받지 못했습니다. 이번에는 직접 찾아갔습니다. 건물 현관 앞에서 세 시간, 네 시간씩 기다렸습니다. 그러다가 출입하는 찰나를 포착해 만나게 되면 "저는 김동완이라는 에이전트입니다. 혹시 일할 기회가 있겠습니까?"라고 매달렸습니다. 그렇게 20~30곳을 돌아다녔습니다. 그러다가 운 좋게도 함께 일할 사람을 만났습니다. 기업에서 에이전트 업무를 하다가 독립한 분이었습니다. 너무 기쁜 나머지, 취직이 되었다고 부모님께 전화를 걸었는데 처음에는 믿지 않았습니다. 그도 그럴 것이 한때 제가 다단계회사의 꾐에 넘어간 적이 있었거든요.

처음에는 무보수로 일했습니다. 3개월간 일한 뒤에 월급을 주겠다는 것이 계약 조건이었습니다. 에이전트 회사는 우리가 생각하는 체계적인 기업 형태보다는 소수의 인원으로 꾸려진 곳이 많습니다. 전 세계적으로 유명한 크리스티아누 호날두의 에이전트인 조르지 멘데스의 회사에도 직원이 많지 않습니다. 7~10명의 에이전트가 전부입니다. 가족들로 구성된 에이전트 회사도 있습니다.

그 당시, 그러니까 제가 처음으로 가까이서 맞닥뜨린 우리나라 축구계는 마치 정치계를 보는 듯했습니다. 여야가 첨예하게 대립하고, 인맥에 의존하고, 자신이 내뱉은 말을 가볍게 번복하고, 기억이 나지 않는다는 변명을 늘어놓고……. 이런 패턴이 축구계에도 널리 퍼져 있었습니다. 그렇다 보니 선수와 계약하기가 굉장히 어려웠습니다.

그렇다면 내가 잘하는 것이, 지금 할 수 있는 것이 무엇일까 고민했어요. 제가 다닌 고등학교와 대학교의 축구부 동창 모임을 떠올렸습니다. 그 모임에 나가면서 선수들과 두루두루 친해지려 했고 그들의 삶을 이해하기 시작했습니다. 그러면서 처음으로 계약하게 되었는데, 고려대의 골키퍼였습니다. 이후 여러 선수와 교류하다가 이현진이라는 스피드가 굉장히 뛰어난 선수와도 계약하게 되었습니다. 당시 수원 삼성의 감독이었던 차범근 감독은 이현진이 고려대의 에이스 박주영보다 낫다고 평가하기도 했습니다.

계약하고 선수가 이적하면 구단에서 에이전트 수수료가 나옵니다. 당시 5,000만 원이라는 거금이었는데 사장님이 그중

1,500만 원을 주겠다고 했습니다. 부모님께 멋지게 효도할 생각에 기쁜 마음으로 사무실 문을 열었습니다. 그런데 이게 웬일입니까! 사무실이 텅 비어 있는 겁니다. 책상도 의자도 보이지 않고 싱크대만 덩그러니 남아 있었습니다. 그때는 그런 경우가 많았습니다. 그래도 원망하지 않았습니다. 그분도 절박했으니 그렇게 행동할 수밖에 없었을 거라고 생각했습니다.

사실 저는 한 번도 에이전트로서 실패할 거라고 생각해본 적이 없습니다. 왜냐하면 같은 시기에 합격한 에이전트 중에 한 건도 계약하지 못한 경우가 수두룩한데 저는 두 명이나 계약한 상태였으니까요. 이현진 선수와 계약했고 그 흐름을 이어 한 명 더 계약했는데, 지금 제주 유나이티드에서 활약하고 있는 김영신 선수입니다. 대통령배에서 득점왕을 차지한 선수까지 계약하고 자신감이 붙어가던 중에 사무실이 풍비박산된 것입니다. 원망보다 에이전트로서의 실무와 생계에 대한 고민이 심해졌습니다.

일단 인터넷을 뒤지기 시작했습니다. 강남의 한 포장마차에서 직원을 구한다는 광고를 보고 지원했습니다. 내 선수들에게 축구화 같은 물품 지원과 투자는 꼭 해야 하므로 돈이 당장 필요했기 때문입니다. 잠도 줄일 수밖에 없었습니다. 재산이라고 여길 것이 건강한 신체뿐이라고 생각했습니다. 새로운 생활이 시작된 것이었습니다. 낮에는 선수들의 연습 경기를 보러 다니고, 밤에는 포장마차에서 일했습니다. 제가 일하던 포장마차의 주방장 형이 축구를 좋아했습니다. 제가 에이전트로 일하다 온 걸 알고 자기 집에 빈방이 있다며 거기서 묵을 수 있게 해주었습니다. 그렇게 하루하루 열심히 살았습니다.

그러던 어느 날이었습니다. 강남의 고급 룸살롱에서 일하는 사람들이 "너! 우리 가게 전무로 와라. 2억 줄게"라고 제안해왔습니다. 사실 정말 달콤하게 들렸습니다. 직업에 귀천이 어디 있느냐고 생각하면서 깊은 고민에 빠져들었습니다. 외모가 멀끔하고 일도 시원시원하게 처리하는 사람이 필요하다며 큰돈을 주겠다니 마음이 크게 흔들렸습니다. '에이전트라는 직업을 잠시 내려놓고 돈을 따라갈 것인가, 내가 좋아하는 축구와 날 믿고 따라주는 내 선수들 곁을 지켜야 할 것인가'를 놓고 고민했습니다.

당시 저는 포장마차에서 일하고 있다는 사실을 선수들에게 단 한 번도 얘기한 적이 없습니다. 그런데 어느 날 이현진 선수가 포장마차를 찾아왔습니다. 그곳을 어떻게 알고 찾아왔는지는 지금도 모릅니다. 그 친구가 나를 보자마자 이러더군요.

"포장마차 일까지 할 정도였으면 말을 해줘야 하는 거 아니에요? 형은 내 에이전트잖아요. 내 에이전트가 이토록 힘들게……."

　말을 채 잇지 못하고 눈물까지 흘리며 저를 원망하더라고요. 그 모습을 보자 저도 눈물이 나왔습니다. 도리어 이 친구가 제게 "내가 열심히 해서 주전이 되고 국가대표가 되면 형 사무실 내가 차려줄게요!"라고 약속을 해주었지요. 물론 지금은 우리끼리 농담으로 '청바지 한 벌을 안 사준다'라고 얘기합니다. 결국 그 룸살롱 이적 제의는 거절하고 말았습니다.

　그 뒤 포장마차에서 일하는 동안 신기하게도 에이전트라는 직업이 결국 내가 가야 할 길이라는 메시지를 받는 듯한 일들이 있었습니다. 한번은 포항 스틸러스의 황선홍 감독과 FC 서울의 최용수 감독이 손님으로 찾아왔어요. 그 당시에는 감독이 아니었죠. 김남일, 박지성 선수 등도 왔다 갔어요. 그때서야 알았습니다. 최용수 감독이 일본 J리그에서 선수로 활약하던 시절에 포장마차 사장님이 매니저로 일했다는 것을요. 그래서인지 축구 선수와 관계자들, 그리고 에이전트가 많이 다녀갔습니다. 제게 굉장히 큰 자극이었습니다. '나도 언젠가 당신들과 어깨를 같이하겠다'라는 생각을 계속 상기하게 되었습니다.

　또 이런 일도 생겼어요. 포장마차 근처의 고급 룸살롱에서 일하는 미모의 여성이 있었습니다. 배우 전지현 씨를 연상시킬 정도였어요. 어느 날 새벽에 이 여성과 지인들이 우리 가게를 찾아와 바지락탕을 주문했어요. 자연산으로 곧바로 조리해 내갔는데 손님들이 크게 화를 냈어요. 가끔 그릇 바닥에 모래가 가라앉는 경우가 있는데, 그 때문에 뺨을 맞기까지 했어요. 죄송하다고, 다시 해드리겠다는데도 "처음부터 똑바로 가져와야지!" 하면서 계속 나무라는 거예요. 그때 설움이 북받쳤습니다. 창고로 가서 밀가루 포대를 잡고 뜯으며 울었습니다. 그러면서 굳게 다짐했습니다. '내가 언젠가 꼭 복수할 거다. 에이전트로 성공해서 당신 가게를 찾아가 되갚아주겠다'고요.

그러는 제 모습을 보고 포장마차 사장님이 "괜한 일에 힘 빼지 말고, 괜한 일에 복수심을 불태우지 말고, 네가 해야 할 일을 하라"고 진심 어린 조언을 해주었습니다. 포장마차 생활은 짧았지만 그곳에서의 경험은 제게 큰 자극으로 남았습니다. 각오를 다지고 목표 의식을 확고히 가질 수 있었습니다. 주어진 환경을 꼼꼼히 살펴보면 자신에게 자극제가 될 만한 것이 가까이에 있습니다.

포장마차에서 일한 것이 도전이라는 말에 걸맞은 경험은 아니었지만 나 자신에게 질문하고 답하는 과정이었습니다. 그것이 결국에는 지름길을 알려주었습니다. 지금 그 포장마차는 없어졌습니다. 왠지 아쉬운 마음이 큽니다.

도베르만처럼 집요하고 끈기 있게!

포장마차 일을 그만두고 나니 협회 차원의 제도 개선이 있었더군요. 의미인즉 에이전트들이 또 한 번 걸러지는 시기가 된 것이었습니다. 그것은 곧 새롭게 다시 일할 기회가 생겨난 것입니다.

저와 계약한 두 선수 중 한 명은 수원 삼성으로, 다른 한 명은 전북 현대에 자유계약으로 입단하게 되었습니다. 그러다가 에이전트 사무실을 내고 싶어 하는 축구 선수 출신 사업가를 만났습니다. 그 회사에 면접을 보면서 솔직한 얘기를 털어놓았습니다. 많은 에이전트 중에서 저 혼자만 합격했습니다. 이 회사는 제가 에이전트로 진일보하는 데 강력한 시발점이 되어주었습니다. 당시엔 선수들과 계약하기가 지금보다 훨씬 더 어려웠습니다. 저는 축구 선수 출신도 아니었고 '해설가'와 같이 내세울 만한 간판도 없었지요. 그저 간절함 하나만으로 선수들에게 접근했습니다. 축구 경기를 정말 많이 보러 다녔습니다.

물고기를 잡으려면 저수지나 바다로 나가야 하고, 외국어를 공부하고 싶으면 그 언어를 사용하는 곳에 가야 합니다. 일차적으로 목표 접근성을 높이는 게 중요하지요. 효창운동장을 비롯해 전국대회가 열리는 통영, 남해, 제주도 등 무조건 현장부터 향했습니다. 당시에 A급으로 불리는 선수들과 계약하기란 거의 불가능하다고 판단한 저는 리저브리그, 2부리그 등을 찾아다녔습니다. 기량은 좋은데 벤치에 앉아 있는 선수들을 유심히 살폈습니다. 그들의 경기를 지켜보면서 장단점을 정리하고 분석했습니다. 그러다가 좋은 선수 몇 명과 계약을 성사시키기도 했습니다.

당시 제 레이더망에 걸린 선수가 대전 시티즌에 있던 배기종 선수입니다. 득점력이 좋은데다 이관우 선수와 호흡도 잘 맞았습니다. 이 선수는 불우한 환경에서 힘들게 축구를 했는데 기량이 검증되면서 30~40명의 에이전트가 접촉을 시도했습니다. 잘나가는 에이전트 회사가 계약하자고 제의했고, 감독은 다른 에이전트와 계약하라고 권유했습니다. 처음에 저는 이 선수를 만나지도 못했습니다. 전화도, 문자도 수신 거부하더군요. 왜 그러는지 곧 알게 되었는데, 저뿐만 아니라 모든 에이전트 번호를 수신 거부해놓은 상태였습니다. 경기가 끝나면 곧장 버스를 타고 가버리는 바람에 얼굴조차 보기 힘들었습니다.

그래서 저는 유성구에 숙소를 잡았습니다. 한 달여 동안 숙박업소에 머물면서 훈련 시간마다 찾아가고, 만나지도 못하고 되돌아오는 생활을 반복하다가 통신에 손을 뻗기 시작했습니다. 싸이월드라는 커뮤니티의 온라인 쪽지부터 메일, 심지어 손으로 정성스럽게 쓴 편지를 보내기도 했습니다. 그러던 어느 날 드디어 만나자는 연락이 왔습니다. 제가 대전에 숙소를 잡은 지 한 달 하고도 26일이 지나서였습니다. 돈가스 경양식집에서 정식 세트를 주문했습니다. 그러고는 많은 얘기를 나누었습니다.

"왜 연락을 받지 않는 겁니까? 남자답게 내가 마음에 들지 않으면 안 든다고 얘기하면 되지 이렇게까지 할 일이 아니지 않습니까? 우리가 이성관계도 아니고 소위 밀당(밀고 당기기) 같은 걸 해야 합니까?"

그러자 그가 뜻밖의 말을 하더군요. 너무 두려웠다고요. 갑자기 너무 많은 스포트라이트를 받고 에이전트가 물밀듯이 다가오니까 겁이 나고, 누군가를 쉽게 믿었다가 사기를 당할 것만 같아서 굉장한 부담감을 느꼈다는 겁니다. 그의 답변에 저는 이렇게 말했습니다.

"나는 당신을 한 번 만나려고 대전에서 얼마 동안 묵었는지 알아요? 내 투자에 책임을 지세요!"

제 말에 그가 책임을 지겠다며 그 자리에서 바로 에이전트 계약을 해주었습니다.

계약 하나를 성사시키려면 도베르만이 되어야 합니다. 사냥개인 도베르만처럼 한번 물면 절대 놓지 않는 끈기와 집념이 필요합니다. 머지않아 그 끈기와 집념은 선수로부터 받는 신뢰와 애정으로 변합니다.

돌아보건대, 배기종 선수와 계약하고 싶었던 저는 정말 집요했습니다. 종교가 무엇인지, 왼손잡이인지 오른손잡이인지, 무슨 음식을 좋아하는지 등을 조사하기 위해 주변 사람들을 괴롭혔습니다. 발 크기와 패션 스타일, 이성관까지 집요하게 조사했습니다. 한번은 그를 만나러 가면서 차 안에서 복음성가를 틀었습니다. 차에 타면서 그가 "아, 형님도 믿으시는군요" 하며 웃자 저는 "아멘" 했습니다. 네, 그건 저도 반성합니다. 거짓말을 하면 안 되지요. 후회합니다. 나중에 질책도 많이 받았습니다. 아무튼 자신이 원하는 계약을 성사시키려면 그러한 집요함이 반드시 필요합니다.

:

진심은 빠르게 전해진다

:

대학교에 다닐 때 저는 도서관에서 공부하는 시간보다 사람을 만나는 시간이 더 많았습니다. 무엇이든 참여할 수 있는 일이 있으면 적극적으로 나섰습니다. 부산의 건축 현장에도 가보고, 대사관 셰프 옆에서 보조도 해보았습니다. 산만하다고, 역마살이 끼었다고 놀리는 사람들도 있었지만 이것저것 생각지도 못한 일을 해보는 것이 좋았습니다.

그런 제가 에이전트로 일하면서 느낀 점이 있습니다. 그 핵심이 사람을 많이 만나는 것, 그리고 사람을 많이 만나야 한다는 것이었습니다.

내 선수들을 소중히 여기고 세세하게 챙기는 건 당연한 일입니다. 그런데 지금 당장은 나와 연관되어 있지 않더라도 모든 선수에게 정성을 다해야 한다고 생각했습니다. 경기가 잘 풀리지 않아 심적·육체적 고통을 겪고 있는 선수들과도 최대한 소통했습니다. 그 당시에 열아홉·스무 살이었던 앳된 선수들도 마찬가지였습니다. 저와 계약하지는 않았지만 그 선수들과 늘 연락하며 친하게 지냈습니다. 함께 밥도 먹고, 파주 트레이닝 센터까지 동승하기도 했습니다.

인간적인 진심이 컸지만 무척 노력한 면도 분명히 있습니다. 그 선수들과 지금은 에이전트 계약이 되어 있지 않지만 나중에 어찌 될지는 아무도 모르는 일이지요. 그 선수들이 나이들어 지도자가 되었을 때에도 제가 에이전트로 계속 일하고 있다면 저라는 에이전트에 대해 좋은 이미지를 갖고 있기를 바라기도 하고요.

　그래서인지 저는 선수가 어리든 나이가 있든 간에 늘 상대방의 이야기를 귀담아듣는 습관을 갖게 되었습니다. 각자의 연령이나 환경, 즉 '포지션'에 따라 축구를 보는 눈이 다릅니다. 관중석에 앉아 있는 팬들도 경기에 대해 평가를 하지요. 축구인들도 마찬가지입니다. 그렇게 비평을 할 수는 있지만, 감독의 전술이 '틀렸다'고 말할 수는 없습니다. 나와 생각이 다를 뿐입니다. 나와 다른 방식의 선택을 존중하면서 비평하는 것과, 전술 선택이 다르다고 무조건 틀렸다며 비난하는 것은 완전히 다릅니다.

　한때 저도 주관과 취향을 강하게 드러낸 적이 있었습니다. 그건 태도의 문제입니다. 경솔하고 가벼운, 때로는 무례하고 몰지각한 태도일 가능성이 높습니다. 그런 태도는 무엇보다 나 자신에게 아무런 도움도 되지 않았습니다.

　다른 에이전트들과 돈독한 관계를 맺는 것, 그리고 소위 '한 다리 건너' 만나는 사람들과 긍정적인 관계를 맺는 것이 좋다는 확신도 갖게 되었습니다. 상대방이 나의 분야와 동떨어져 보인다고 마음에서부터 배제하는 건 제 손해라는 확신이 들었지요. 예상치 못한 사람과 만들어갈 수 있는 무한한 가능성의 싹에 물은 주지 못할망정 미리 잘라버리는 것은 인간적으로도, 계산적으로도 올바른 선택이 아니지요. 오히려 다른 분야의 사람들이 나의 거울이 되어줍니다. 내 일에 대한 편향적 성향에서 벗어나 균형을 잡도록 도와주었습니다. 그들과 손잡을 때 더 멀리, 더 크게 보는 눈이 길러지기도 했습니다.

상대방이 좋은 사람이라고 확신하는 습관을 가지세요. 눈앞에 앉아 있는 사람이 좋은 색과 향기를 지니고 있다고 생각해보세요. 지금은 잘 느껴지지 않더라도 그런 사람인 양 대하다 보면, 언젠가 분명히 내게 좋은 사람이 되더군요. 그 습관을 갖게 된 이후 저는 많은 선수들과 계약하게 되었습니다. 나 자신도 조금은 더 좋은 사람이 되었고, 일도 더 원활해졌습니다.

제 주변의 에이전트들을 보더라도, 당장 내가 이루고 결실을 맺을 수 없으면 남의 일로 여기는 경우가 무척 많습니다. 대부분 그렇게 생각하는 것 같습니다. 하지만 나에게 밑거름이 되고 가능성이 되는 것들을 섣불리 버려서는 안 됩니다.

실제로 저는, 에이전트로 일하면서 친하게 지냈던 선수들 중에 결국 저와 계약하게 된 선수들이 있습니다. 자신은 다른 곳에 계약되어 있으면서 동료 선수를 소개해주는 경우도 많았습니다. 그렇게 해서 제가 관리하는 선수가 20명이 되고, 30명이 되고 이제 50명이 되었습니다. 지금도 저는 제 소속이 아닌 선수들과도 자주 연락하며 지냅니다.

차두리 선수(2015년 은퇴)와 같은 경우, 제가 전화를 걸면 "나와 계약하려고 이렇게 자주 연락하시는 겁니까? 괜한 일에 힘 빼지 마시지요"라고 농담을 던집니다. 그러면 저는 "아니, 왜 김칫국부터 마시고 그래요? 아버님과 계약하려고요. 그리고 난 스물다섯 살 이상은 안 봅니다"라고 되받아칩니다. 차두리 선수는 FC 서울에 소속된 선수들에게 제가 참 괜찮은 에이전트라고 한마디씩 건네곤 하는데, 그 파급효과가 무척이나 클 거라고 생각합니다.

저는 늘 주변의 선수들, 지도자들과의 친분과 대인 관계를 중요시합니다. 에이전트라면 K리그 구단에 소속된 선수들을 모두 알고 있어야 합니다. 이런 소신이 다른 에이전트의 심기를 건드릴지도 모르지만, 저는 에이전트라는 직업을 갖고 있다면 마땅히 갖춰야 할 올바른 태도라고 생각합니다. 페어플레이 정신에 위배되는 게 아니냐고요? 그렇지 않습니다. 오히려 에이전트계의 페어플레이 정신을 구현하는 길입니다.

자신이 관리하는 선수에게 접근하는 다른 에이전트를 아무렇지도 않게 대할 수는 없습니다. 하지만 자신의 선수를 제대로 관리하지 못하면 빼앗길 수밖에 없다고 각오해야 합니다. 일종의 스포츠와도 같습니다. 보험회사나 통신회사에서 고객을 유치하기 위해 온 힘을 쏟고 서로 경쟁하는 것과 같은 맥락입니다. 그렇기 때문에 항상 호의적인 관계를 유지하려고 애쓰는 게 에이전트로서의 기본적인 마음가짐입니다.

이런 생각이 계산적으로 비칠지도 모르지만, 거기에는 진심이 전제되어야 합니다. 진심으로 대하지 않는 관계는 오래가지 못합니다. 진심의 무게는 정말 빠르게 전해지기 때문입니다.

포인트를 잡고 재미있게 다가간다

요즘 출간하는 책의 제목을 살펴보면 '어디에 미쳐 있어라' 와 같은 문구가 많습니다. 한마디로 말하면, 저는 축구에 미쳐 있었어요. 일종의 '똘끼'가 있습니다. 술자리에서 사람들과 어울릴 때 웃기려고 성대모사나 우스갯소리를 자주 하는 편인데 재밌다는 말을 듣곤 했습니다.

그래서일까요, 라디오 PD가 된 제 친구가 프로그램 출연 제의를 해왔습니다. 「김동완의 스포츠 펀치」라는, 청취율이 0.001도 나오지 않은 프로그램이었습니다. 들어본 사람이 거의 없을 거예요. 생방송으로 두 시간씩 출연했습니다. 그 방송은 각 분야별로 1주일에 한 명씩 출연시켜 이야기를 나누는 자리였습니다. 골프, 축구, 농구 등 종목을 가리지 않고 전문가들이 출연했고 주고받는 이야기를 방송으로 내보내는 프로그램이었습니다. 그때는 정말 물 만난 고기처럼 신이 나서 그동안 쌓은 축구에 관한 지식과 식견을 열성적으로 드러냈습니다.

그즈음 YTN DMB라는 방송국이 설립되었는데, 2006년 독일 월드컵의 중계권을 샀다면서 축구 관련 방송을 할 수 있느냐는 제의가 들어왔습니다. 이후 영상 방송 쪽으로 자리를 옮겼지요. 그러다가 「맨유 매치 하이라이트」라는 프로그램을 통해 박문성 해설위원을 만났습니다. 제 본래 직업이 에이전트이다 보니 서유럽과 동유럽 출장을 다니면서 알게 된 지식을 방송 중에 풀어놓았더니 시청자들의 반응이 좋았습니다. 유럽 축구는 늘 우리나라 시간으로 새벽에 중계되기 때문에 에이전트 일을 하는 데는 전혀 영향을 받지 않았습니다.

방송을 하면서, 유럽 축구에 대한 전문적인 식견을 높이는 데 더욱 열을 올렸습니다. 저의 개인적인 애정과 열정이 사회적으로도 쓰임을 받는 기분은 정말 끝내줬습니다. 이내 무거운 책임감이 밀려왔지만 그에 기꺼이 부응하자고 마음먹었습니다.

저는 '대한민국 축구 해설이 김동완 전후로 나뉘게 하자!'라는, 조금 우스꽝스럽지만 진지한 각오로 해설에 임했습니다. 유럽 축구를 즐기는 시청자들이 새벽잠을 떨쳐버리고 경기에 집중하도록 도와줘야 한다고 생각해 재미에 초점을 맞추었습니다. 매력적인 관전 포인트를 뽑고, 흥미로운 실화를 갈무리해두고, 순간순간 재치 있게 대처하고자 했습니다. 처음에는 반응이 신통찮았습니다. 인터넷 게시판에 '저 해설가는 뭐하는 사람이지?'라는 댓글이 많았습니다. 지금은 저도 수위를 조절할 줄 알게 되어 반감을 갖는 시청자가 줄어들었습니다.

저는 시청자들이 축구 경기 자체를 재미있어하기를 원합니다. 나아가 생소한 선수와 새롭게 만들어지는 독특한 경기 장면을 기억하고 '해설도 참 재미있었다'고 느끼기를 원합니다. 저 역시 캐스터와 해설가의 말이 지루하면 경기에 집중하기 힘듭니다. 우리나라 축구팬들의 눈도 크게 높아졌습니다. 그렇기 때문에 저는 일반적인 지식에 전문가적인 안목을 보태거나 재미있는 요소를 첨가함으로써 90분 동안 지루하지 않도록 해주는 해설가가 되고 싶습니다.

축구는 스포츠이고, 야구는 게임에 가깝습니다. 축구는 통계라든지 선수의 득점 1, 2위 분포가 중요하지 않습니다. 변수가 많고 90분 내내 집중해야 경기의 흐름을 제대로 볼 수 있다는 말입니다. 잠깐 고개를 돌리면 골 장면을 놓칠 수 있습니다. 당연히 해설가에게는 엄청난 집중력이 필요합니다. 저는 항상 A4 용지 가득 준비해온 이야기 중에 10퍼센트도 얘기하지 못합니다. 준비한 것들을 조금이라도 더 얘기해주고 싶은 게 해설가의 마음이기 때문에 중계가 끝나고 나면 늘 아쉽습니다.

여성 팬들은 어느 선수에게 호감을 느끼면 그 팀의 팬이 되는 경우가 많습니다. 페르난도 토레스라는 선수는 한국에 여성 팬이 엄청나게 많습니다. 선수 한 명에게 애정을 느끼며 그 궤적을 따라가는 것도 하나의 묘미이긴 합니다. 그런데 첼시로 이적하고 난 뒤 '900억의 사나이'라고 비난을 받은 이유가 무엇인지, 이 선수가 어디에서부터 축구를 제대로 시작하게 되었는지, 운동선수로서 유명한 장면에는 어떤 것이 있는지를 찾아보면서 축구를 즐기면 더욱 재미있습니다.

사실 이런 부분도 해설가가 풀어내야 합니다. 경기가 재미없이 이어지면, 아무리 팬이라도 계속 보고 있기가 쉽지 않습니다. 해설가인 저 역시 첼시와 선덜랜드의 경기는 정말 재미없다고 느낍니다. 90분 내내 한쪽은 공격하고 한쪽은 막으니까요. 그래서 축구장 이면의 스토리를 직접 들춰보고, 그것을 갈무리해 시청자들에게 잘 풀어드려야 축구팬의 눈을 잡아둘 수 있다고 생각합니다. 저는 그런 역할을 하는 해설가가 되고 싶습니다.

축구 중계를 보면서 해설을 해보고 싶다고 생각하는 사람도 있을 것입니다. 축구 해설가에게 필요한 정제된 이력은 없습니다. 무엇을 전공해야 하고, 어떤 책을 꼭 읽어야 하고, 어떤 테스트를 거쳐야 하는지 정해져 있지 않지요. 다만 분명한 사실은 축구 전문가가 되어야 한다는 것입니다. 그러려면 축구라는 울타리, 혹은 스포츠라는 분야에 발을 담그고 있어야 하겠지요. 스포츠 기자, 에이전트, 구단 관계자, 비디오 분석관 등 스포츠 분야 내부의 여러 직종 중 하나에 일단 발을 들이는 것이 중요합니다. 그런 다음, 자신이 더 잘할 수 있는 분야를 선택해 전문적으로 파고들면서 활동 영역을 넓혀가야 합니다.

블로그와 페이스북 같은 SNS를 활용하는 방법도 있습니다. 요즘 SNS에는 해설가보다 더 많은 지식을 가진 사람, 전술 분석가나 비디오 분석가처럼 선수들의 특징을 파악해 SNS에서 활동하는 사람이 적지 않습니다. 김태룡 해설위원의 경우 혼자 칼럼을 써서 온라인에 올리고, SNS를 통해 축구팬들과 소통하고 있습니다. 일단 축구나 스포츠라는 틀 안에 자신을 두고 전문화 또는 특화될 만한 분야를 결정해 자기계발을 해나가는 것이 중요합니다. 제게 축구 행정가나 축구 심판 쪽으로 공부하거나 자격증을 취득하고 싶은데 향후 전망이 어떠하냐고 묻는 사람들이 있습니다. 저는 보통 긍정적으로 대답해주는데, 그 근거도 꼭 덧붙여줍니다.

그리고 에이전트는 말 그대로 대리인입니다. 그 사람을 대리하기 때문에, 자신의 성미보다 선수의 뜻과 구단의 성향에 맞춰나가는 것이 옳습니다. 관용, 포용력, 인내심 같은 덕목을 꼭 갖춰야만 가능하지요. 이런 데서 받는 스트레스로 힘들어하는 에이전트가 많습니다.

인간에 대한 책임감과 애정도 강해야 합니다. 먼 훗날 어찌될지 모르는 선수를 책임지고 관리하는 것이 에이전트의 역할이기 때문에 눈앞에 나타나지 않는 성과에 의연해야 하고, 선수에 대한 깊은 신뢰와 관용이 동반되어야 합니다. 내 선수이지만 인간이기 때문에 항상 감정적으로 마음에 들 수는 없습니다. 내가 뜻하는 길로 가지 않는 경우도 있습니다. 그럴 때는 포용력과 인내심을 발휘해야 합니다. 특히 선수가 슬럼프에 빠지는 경우 조급해하지 말고 상황을 전환시킬 만한 것을 찾아보거나 최적화된 환경을 개발하고 이어주면서 묵묵히 기다려주어야 합니다.

우리가 살아가는 현대사회는 예전보다 훨씬 더 다양하고 복잡합니다. 과거에는 한 우물만 팠지만, 지금은 좁은 길에도 갈림길이 많습니다. 그만큼 쉽지 않습니다. 목표가 정확하다면 어떤 길로 가더라도 상관없습니다. 다른 사람의 시선은 신경쓰지 말아야 합니다. 제 경험에서 얻은 교훈이기도 합니다. 에이전트와 해설가를 병행하고 있는 저는 보람을 느끼지만, 실망하거나 힘에 부친다는 느낌이 들 때도 많습니다. 그럼에도 보람이 실망을 다 덮을 만큼 크다는 것만큼은 분명합니다. 누군가가 행복하냐고 물으면, 솔직히 행복하다고 대답합니다.

제 9 강

시민,
문화로 꽃이 되다

임승관

임승관

1996년부터 인천광역시에서 시민문화의 활성화를 위해 애쓰는 문화운동가로 활동하고 있다. 2004년 인천시민문화예술센터가 모단체인 '평화와 참여로 가는 인천연대'로부터 독립한 뒤 2005년 시민문화공동체 '문화바람'을 재창단하여 현재 대표를 맡고 있다. 회원제로 운영되고 있는 문화바람에서 회원들을 대상으로 문화수용자 운동, 동아리 활동 지원, 아마추어와 전문가 연계, 지역생활문화정책 등을 생산하고 있다.

　저는 인천이라는 도시의 시민들이 마음 편히 문화를 즐길 수 있는 구조를 만들어가는 일에 약 20년간 몸담아왔습니다. 현재 '문화바람'이라는 생활문화예술 단체의 대표로 활동하고 있습니다.

　문화바람은 소통으로 일궈낸 시민문화예술의 성공 사례로 주목받곤 합니다. 회원들의 회비를 주요 소득원으로 운영되고 있는 문화바람은 빠듯한 살림이지만 경제 양극화라는 시대적 상황을 고려해보면 제 목표를 달성하고 있는 것 자체가 이미 넉넉한 살림입니다.

　현대사회의 키워드 중 하나는 '대안적 삶'이고, '공동체'라는 단어가 재조명받고 있습니다. 오랫동안 전 세계적으로 만연했던 개인주의적 풍토에 익숙해져 이런 키워드에 어색함이나 거부감을 갖는 사람도 적지 않지만 이것은 새로운 패러다임입니다. 시민들은 넉넉해서가 아니라 '대안적'인 '공동체적' 삶의 새 질서를 부활시켜나갈 것입니다. 그것이 큰 흐름입니다.

개인적 삶의 방향 문제를 넘어, 각종 산업 분야의 일선에서 시민이 참여하는 행사나 프로젝트를 진행해야 하는 분들도 '대안적 삶', 그리고 '공동체'라는 트렌드의 의미를 직시해야 할 것입니다. 그런 측면에서 그동안 문화바람이 어떤 활동을 해왔는지 고백하려 합니다.

문화바람의 활동을 기적이라고 말하는 사람들도 있지만 저는 '우연'이 더 정확한 표현이라고 생각합니다. 문화바람의 의도와 시민의 집단적 반응이 맞아떨어진 것입니다. 문화바람의 지난 과정을 통해 개인의 삶이나 시민 사업에 힌트를 얻을 수 있기를 바랍니다.

:

문화바람이 피워내는 꽃

:

문화바람은 시민문화예술센터라는 작은 모임에서 출발했습니다. 시민문화예술센터를 같이하자고 의기투합한 몇몇 사람과 주민들이 지하 연습실을 얻어 기타와 노래를 배우고, 함께 모여 밥을 먹기도 하는 가족적인 모임이었습니다. 그렇게 8년 동안 지내면서 규모가 커졌고 각 분야의 전공자들이 '전공패'라는 것을 만들었습니다. 전공패들은 그림과 노래, 영상 제작 등을 통해 수익을 창출했는데, 시간이 지나면서 그들은 더 큰 무대에서 활동하겠다며 서울로 떠났습니다. 비록 시민들과 열심히 어울리던 이들만 남았지만 이전처럼 변함없이 활동을 이어나갔습니다. 그러다 보니 '소풍'이라는 극장과 문화 활동 연습 공간인 '놀이터'가 만들어졌습니다. 아마추어와 전문가를 매칭하는 「문화로가게」라는 프로그램도 생겼습니다. 이 세 가지를 뭉쳐 '문화바람'이라는 조직을 만들게 되었습니다.

'꽃'이라는 단어를 떠올리면 어떤 느낌이 드나요? 꽃은 아름답다는 말을 동반합니다. 그러면 꽃은 언제부터 아름다웠을까요? 원시시대, 그러니까 수렵과 채집의 시대에는 꽃이 지금과 같은 의미가 아니었을 겁니다. 먹고살기 위해 동물을 사냥하고, 식물을 채집하는 시대에 꽃은 방해물이었을 가능성이 높습니다. 실제 고대 벽화에는 꽃 그림이 없지요. 못 그린 것이 아니라 안 그린 것입니다. 농경사회로 들어와 씨앗을 심고 싹이 자라나 열매를 맺는 자연의 이치를 깨닫게 된 이후 인간에게 꽃은 비로소 긍정적인 의미를 갖게 됩니다. 그래서 현대를 사는 우리도 꽃이 피면 반가운 겁니다.

꽃은 아름다움과 생명이라는 고정된 의미를 인간으로부터 부여받았습니다. 꽃의 의미와 문화 분야의 의미는 일맥상통합니다. 우리는 직관적으로 '야만인이 될 수는 없다', '문화 예술과 가까이에 있는 것이 좋다'라고 생각합니다. 꽃이 '아름답다'라는 고정된 의미를 가지고 있는 것처럼, 문화는 '해야 한다'라는 의미가 강하게 연계되어 있습니다.

그런데 정말 문화 예술이 그런 것일까요? 꽃인가요? 문화예술은 정말 시민들에게 이로운 것일까요? 한번 생각해보고 넘어가야 합니다. 이에 대한 해답은, 우리가 지금 어떤 모습으로 살고 있는지를 살피는 과정에서 찾아볼 수 있습니다.

:

우리는 어떤 토양에서 살아가고 있는가

:

우리는 지금 어떻게 살아가고 있을까요? OECD 36개국 중 자살률 1위에 올라 있는 국가가 대한민국입니다. 우리나라와 경제 수준이 비슷한 5개국, 그러니까 그리스, 노르웨이, 포르투갈, 뉴질랜드와 비교해도 현저히 높은 수치입니다. 특히 65세 이후 자살률이 급격히 증가하고 있습니다. 하루에 약 40명이 스스로 목숨을 끊습니다. 한 시간에 한 명 이상 유명을 달리하는 셈입니다. 지하철을 타고 있다고 생각해보십시오. 그 안에 있는 사람들 중에 몇 명은 자살을 준비하고 있는 것입니다.

삶에 대한 만족도 지수는 어떤가요? OECD 국가들 중 최하위입니다. 그 안을 더 들여다보면, 현대판 고려장 제도가 부활했다고 손가락질 받을 수준입니다. 그렇다면 그 가정의 아이는 행복할까요? 아이도 마찬가지입니다. OECD 주요 국가의 아동을 대상으로 삶의 만족도를 조사했는데 그 결과 미국은 84.2점, 슬로베니아는 86.8점인 데 비해 한국은 60.3점으로 그 차이가 현격합니다.

"우리나라는 취업이 어려워서 그래. 돈만 좀 벌면, 먹고살수 있으면 사람들은 자살하지 않을 거야"라고 말하는 사람들이 있습니다. 과연 그럴까요? 유럽에 있는 그리스의 실업률은 17퍼센트인데, 우리나라는 국가에서 발표한 실업률이 3.4퍼센트이고 실제 실업률은 11퍼센트입니다. 단지 경제적인 이유로 자살한다면 그리스는 우리보다 자살률이 더 높아야 합니다. 공교롭게도 그리스는 OECD 국가 중에서 자살률이 가장 낮습니다. 실업률이 높은데도 그리스 사람들이 자살을 하지 않는 것은 개인의 자유와 창의력, 삶의 즐거움을 중요시하고 자신의 감정을 다른 사람에게 솔직하게 드러내며, 서로 속마음을 털어놓고 돕기 때문입니다.

한편 우리의 실생활은 어떻습니까? 2005년부터 2012년까지 한국인의 여가 시간 추이를 살펴보면 '휴식'이라는 항목의 비중이 가장 높습니다. 여타의 선택지를 제외하면 이 휴식이라는 항목은 혼자서 TV를 보며 누워 있는 것, 누군가를 만나지 않는 것을 의미합니다.

이런 세태는 IT 업계에도 나타납니다. 다음 카페들이 문을 닫고, 페이스북에서도 사람들이 빠지고 있습니다. 많은 사람들이 카카오톡과 같은, 기존에 친교를 쌓아온 사람들과의 소통 속으로 활동 범주를 좁히거나 누군가의 글을 일방적으로 구독하는 SNS 라이프 패턴에 정착했습니다. 페이스북에 글이나 사진을 하나 올려두고 '좋아요'가 눌렸나 아직인가, 혹은 마음에 들지 않는 댓글을 단 사람은 없나 하면서 불안과 초조에 시달립니다. 작은 모멸감들을 과잉 해석하는 시대입니다. 현대인의 공감을 많이 얻었던 키워드인 '불안사회', '고통사회'도 이런 맥락에서 이해할 수 있습니다.

그래서 문화 예술의 자리는 더욱 가치 있습니다. 인간이, 시민이 문화 예술 활동에 참여하고 향유할 때 비로소 인간다움과 시민다움을 유지할 수 있습니다. 평형과 중용을 회복하게 됩니다. 비정한 사회와 가상의 삶에서 오는 모멸감과 비참함, 자괴감으로부터 자신을 구해주는 회복탄력성은 문화 예술 활동을 통해 유지할 수 있습니다.

시민이 참여해 운영한다

경제 양극화가 문화적 자본의 양극화로 이어지고, 생활문화 예술 지원 관련 법령이나 조례가 부족한 상황에서 우리가 할 수 있는 것이 무엇인지에 대해 깊이 생각해보았습니다. 그리고 두 가지 어려운 과제에 봉착했습니다. 첫째는 지속 가능성을 확보해야 한다는 것이고, 둘째는 지역의 문화라는 다소 거대한 것에 영향을 미치려면 구조가 잘 갖춰진 활동이어야 한다는 점이었습니다.

당시 인천은 행정가들도 문화의 불모지라고 얘기할 만큼 척박했습니다. 2004년 인천의 문화지표를 보면, 인구 250만의 광역시와 전국 주요 도시 중 문화시설과 공연 횟수, 문화 예산, 문화 행정 인력이 가장 낮은 곳이 인천이었습니다. 우리는 두 가지 한계점을 돌파하기 위해 '문화 수용자 운동'을 하기로 결정했습니다. 이 운동의 기본은 이렇습니다. 낚시를 하는 사람이 낚시 채널을 보고, 골프를 치는 사람이 골프 채널을 보는 것처럼 문화 예술을 하는 시민이 문화 예술을 관람할 것이라고 믿었습니다. 시민들의 문화적 감수성은 동아리 활동을 통해 생겨난다는 경험적 확신도 있었습니다. 전공자가 아닌 시민들의 자발적 참여로 커뮤니티가 만들어지도록 도운 경험이 있었습니다. 앞서 말한 그리스 사람들의 생활습관을 활용했지요.

'문화 수용자 운동'의 일환으로 생활예술을 활성화시켜야 한다고도 생각했습니다. 생활예술이라는 단어가 낯설게 느껴질 수도 있는데, 생활체육이라는 단어는 어떠할까요? 낯설지 않지요? 생활체육은 1988년 올림픽 때부터 국가에서 장려해 온 정책입니다. 50인 이상의 공장이나 작업장에는 스포츠 동아리를 둘 수 있게 하고, 전문 강사를 둘 수 있게 했습니다. 가장 중심적인 철학은 '체력은 국력이다'라는 것이었습니다. 그 정책으로 어떤 일이 벌어졌습니까? 스포츠 스타 박찬호와 김연아가 나왔습니다. 월드컵 4강에도 올라갔지요. 우리나라가 스포츠 강국으로 발돋움하게 된 토대는 생활체육 진흥 정책이었습니다. 사람들이 체육에 관심을 갖고, 그것을 즐기고 시청하고, 자본가들이 투자하는 생태계가 스포츠에는 있는데 아직 문화에는 없습니다. 예술가만 지원하고 오페라하우스를 지은 것이 전부입니다. 사이클이 형성되지 않은 문화 생태계에서 시민이 적극적인 문화 수용자의 자리에 서는 것이야말로 분명 의미 있는 일이라고 확신했습니다.

1996년부터 시작한 문화 운동에서 다섯 가지 교훈을 얻었습니다. '첫째, 시민 스스로 참여하고 만드는 적극적인 멤버십이 필요하다. 둘째, 생활문화를 통한 지역문화 공동체를 구성해야 한다. 셋째, 호혜와 존중, 민주적인 운영으로 회원의 자치 능력을 배양해야 한다. 넷째, 지역 현실에 맞는 시민의 요구와 바람부터 시작해야 한다. 다섯째, 무엇보다 나와 내 가족이 행복한 운동을 해야 한다.'

이러한 교훈을 가지고 '문화 수용자 운동'을 본격화했습니다. 가장 먼저 시작한 것은 문화바람의 프리티켓 운동입니다. '월 1만 원의 회비를 내면, 문화바람이 유치하고 만드는 좋은 공연을 연 5회 무료로 관람할 수 있는 문화바람 프리티켓을 드립니다'라는 것이 이 운동의 골자입니다.

월 1만 원으로 양질의 대학로 공연을 관람하게 하자는 것이 문화바람의 취지였습니다. 반응은 폭발적이었습니다. 4개월도 지나지 않아 회원이 300명으로 늘어났습니다. 첫 번째 공연은 2회 상연 동안 1,600명이 관람했습니다. 우리도 놀랐고 극장도 놀랐습니다. 그리고 우리가 정말 놀라워했던 것은, 인천 시민이 공연을 좋아하지 않는 사람들이 아니었다는 점입니다.

그렇게 문화바람의 규모가 커지자 활동가들의 독려로 시민들의 동아리 활동이 활성화되었습니다. 회원 300명이 그 중심에 섰습니다. 동아리 활동이 늘어나자 연습 공간을 마련해달라는 요구가 높아졌습니다. 문화바람에 새로운 고민이 생긴 것입니다.

회원 300명이 내는 회비를 어떻게 운영할 것이냐에 대한 고민이었습니다. 결국 문화바람은 회원들이 주인이 되어야 한다는 데에 뜻을 모았습니다. 즉 300명의 회원이 재정기획권과 사업기획권을 갖게 되면 주인의식이 생길 것이라고 생각했습니다.

회비 운영 방식을 바꾸자 작은 변화들이 일어났습니다. 죽어나가는 화분이 사라졌습니다. 물을 주는 사람이 생긴 겁니다. 쓰레기통이 깨끗해졌습니다. 치우는 사람이 생긴 겁니다. '내 공간'이라고 생각하는 주인의식이 만들어낸 결과였습니다. 이런 변화들이 확산되면서 전체 분위기가 크게 바뀌었습니다. 회원들이 10만 원씩 출자해 자신들이 사용하는 공간의 월세 보증금을 만들었습니다. 그렇게 문화바람의 구성원들에게 주인의식으로서의 멤버십이 완성되었습니다.

⋮
새로운 지평을 열고 마음을 모은다
⋮

'놀이터'라는 공간이 있습니다. 이 공간은 보육재단에 소속된 법인의 건물이었습니다. 어느 날 그 보육재단의 사무국장이 문화바람을 찾아왔습니다. 그러고는 지인이 클래식 악기를 재단에 기증했는데 가르칠 사람을 구하지 못해서 1년 동안 악기를 닦고만 있다는 겁니다. 여기가 혹시 문화단체라면, 그 악기를 레슨해줄 만한 선생님을 구해줄 수 있느냐는 것이었습니다. 우선 회원들을 수소문한 끝에 선생님을 찾아냈고, 보육재단 소속 고아원 아이들에게 그 악기의 레슨을 해주었습니다.

그러는 중에 심상치 않은 변화가 생겼습니다. 프로젝트가 끝났는데도 선생님이 계속 아이들을 가르치는 겁니다. 무슨 일이 있었을까요? 어느 날 고아원 아이들이 선생님에게 고마움을 표시하고 싶었던 겁니다. 보육재단에서 점심때 아이들에게 옥수수와 고구마를 나눠주었는데, 아이들이 먹지 않고 넣어두었다가 선생님에게 들고 온 거예요. 설렘 반 부끄럼 반으로 물든 예쁜 얼굴로. 선생님은 그 자리에서 와르르 무너져버렸지요. 그동안 한 번에 5만 원, 10만 원 받으면서 수없이 레슨을 해온 개인의 역사에 질적인 전환이 일어난 겁니다.

그래서 선생님은 자신이 프로젝트를 계속 이어나가지 못하는 사정이 생기자 다른 선생님을 소개해주었습니다. 그 선생님도 나중에 또 다른 선생님을 데려와주었습니다. 이런 식으로 프로젝트가 지속되었지요. 그때 '아, 전문가와 아마추어가 서로 기꺼이 만나는 방식이란 이런 거로구나!'라는 생각이 들었습니다. 그렇게 '문화로가게'라는 공동체를 만들게 되었습니다.

'소풍'은 소극장의 이름입니다. 대학로에 있는 작은 극장처럼 공간을 만들어 시민들이 참여하는 공연을 상연했습니다. 공연이 있기 전에는 술 마시고 담배 피우는 할아버지, 혹은 아빠나 엄마였던 사람들이 '가수 할아버지', '배우 엄마'와 같은 새로운 정체성을 갖게 되었습니다. 모두가 이렇게 새로운 정체성을 얻는 것을 무척 즐거워했습니다.

또 공연을 올리기 위해 확보된 연습 공간이라는 인프라가 있지요. 이 공간이 지역 안에 더욱 흡수되면 '창조적 지역 거점'이 됩니다. 예를 들어 음악 연습실에 모여 독거노인들에게 나눠줄 김장을 담급니다. 음악 연습실이라는 공간이 무엇이든 할 수 있는 공간으로 발전합니다.

발표의 장을 만드는 것은 아주 중요합니다. 정기 공연을 잡으면 동아리 간의 만남과 공연 연습을 위해 평소보다 더 많은 동기부여가 일어나기 때문입니다. 그때부터는 '사회 공헌 현상'이 일어납니다. 이 말은 행정 분야에서 일상적으로 쓰이는데 국비, 즉 세금 지원의 조건으로 사회 공헌 사항이 달리는 데에서 나온 말입니다. 이것을 소풍에서 열리는 공연에 적용해보면 어떤가요? 이 공연에서 나타나는 사회 공헌 현상은, 타인과 끈끈한 신뢰 관계를 만드는 기간을 가진 것입니다.

문화바람의 생활예술 활동 결과를 정리하면 이렇습니다.

첫째, 고아원 아이들의 예쁜 마음과 그 순수한 요구를 거절할 수 없는 전문가의 마인드가 시민들에게 지도교사를 지속적으로 매칭할 수 있는 '문화로가게'라는 공동체를 만들어냈습니다. 둘째, 소풍이라는 안정적인 연습 공간으로 음악뿐 아니라 김장도 함께할 수 있는 창조적 지역 거점을 확보했습니다. 셋째, 지속적인 발표의 장이 시민들 간의 두터운 신뢰 관계를 구축함으로써 사회 공헌 현상을 만들어냈습니다.

즉 '공동체', '창조적 지역 거점', '사회 공헌'이라는 세 가지 씨앗을 확보했습니다. 이 씨앗들은 궁극적으로 동아리 네트워크를 활성화하고 시민들이 생활예술로 접어드는 발판이 되었습니다.

어느 날 문화바람 회원들과 10년 후 문화바람의 모습을 그려보는 시간을 마련했습니다. 한 회원이 자신의 그림을 보여주면서 이렇게 설명했습니다.

"4층짜리 건물인데 뒤풀이를 열심히 해야 하니까 1층엔 술집이 있고요, 2층에는 조그마한 사무실이 있고, 3층과 4층은 다 연습 공간이에요."

말도 안 되는 그림이었습니다. 상상 속에서나 가능한 건물이었죠.

그런데 소극장 소풍 앞 건물에 '임대' 알림장이 붙었습니다. 뒤풀이하던 동아리 사람들이 임대료를 알아봤더니 보증금 1억 5,000만 원에 월세 950만 원이라고 했대요. 그러다가 "보증금을 많이 내면 월세를 좀 낮춰주지 않을까?"라는 말에 회원들이 솔깃해했습니다. 문화바람 회원이 800명쯤 될 때였습니다.

몇몇 회원이 소풍 앞 건물을 얻자는 의견을 냈습니다. 활동가들은 어떻게 판을 벌일까 고민했습니다. 결국 우리는 손바닥만 한 종이 상자 1,000개를 주문했습니다. 1,000명이 모여 공간을 만들자는 구호를 마련했습니다. 회원들의 이름을 적어 나눠주고 두 달 동안 동전을 모아보자고 했습니다. 사실 돈은 많이 모였습니다. 그런데 그보다 더 큰 것이 모였습니다. 회원들의 마음이었습니다.

그렇게 건물을 임대한 뒤 문화바람의 공간으로 만들기 시작했습니다. 돈이 없어서 회원들이 힘을 모아 직접 만든 것입니다. 다들 간이 배 밖으로 나온 사람처럼 무모한 일을 벌였습니다. 금융 전문가, 부동산 전문가, 건설업자 등 동아리 회원들의 직종도 정말 다양했습니다. 그들 중에 포클레인 기사인 분은 포클레인을 빌려주고, 직접 참여하지 못하는 회원들은 식사를 제공했습니다.

상상 속의 4층짜리 건물이 그려진 때가 2007년입니다. 소풍 앞 산후조리원 건물을 개조해 문화바람의 공간으로 만든 때는 2011년입니다. 짐을 옮기다가 우연히 그 그림을 다시 보게 되었는데, 그 순간 모두가 얼음이 되었습니다. 4년 전 터무니없다며 웃음을 자아내던 그림과 2011년 문화바람의 공간이 너무나 비슷한 겁니다. 실제로 1층에는 술집과 카페가 생겼고 2층에는 사무실, 3층과 4층에는 연습실이 만들어졌습니다. 1층에 만들어진 카페 겸 술집에는 문화바람의 공간을 만들기 위해 마음을 모아준 회원 860명의 이름이 벽에 붙어 있습니다. 이 일은 지금까지도 저를 전율케 합니다. 여러분, 돈이 아닌 마음이 모여야 사건을 만듭니다.

····

직접 개입할 수 있는 자리를 만든다

····

2008년이 지나고 경제 상황이 안 좋아지면서 저는 긴장했습니다. 회원들 중 20~30퍼센트가 빠질 수 있겠다고 생각했기 때문입니다. 그럼에도 2013년 문화바람 회원은 1,200명을 넘어섰습니다. 그때 저는 '대체 사람들은 왜 문화바람이라는 공간에 오는 것일까?'라는 생각을 해보았습니다.

시민들의 첫 번째 목적은 바로 자신의 정체성 때문이었습니다. 생활예술을 향유하고 체험하는 것이 즐거운 자기 재발견의 시간이었던 겁니다. 그러다가 2~3주가 지나면 '이렇게 좋은 사람들이 있다니!' 하는 생각으로, 즉 타자에 대한 관심과 관계에 대한 호기심으로 바뀝니다. 이것이 두 번째 목적이었습니다. 동아리라는 무리가 생기고 '나의 결심'에서 '좋은 사람들과의 관계'로 변화하는 겁니다. 3년이 지나면 공명이 일어납니다. 이 사람들이 회원을 늘리기 시작합니다. 자기 친구나 좋아하는 사람에게 함께 가자면서 조직이 확대되고 사회 공헌 활동을 하고 지역 현안에 참여하게 되지요. 동아리의 정체성이 확립되면서 세 번째 목적이 생깁니다.

저는 예술을 전문예술과 생활예술, 두 가지 범주로 나눕니다. 생활예술이 매개자, 즉 기획자와 만나면 동아리나 문화교실이 생기고 전문예술이 매개자를 만나면 사회적 기업이나 협동조합이 생깁니다. 생활예술의 범주가 늘어나면 결국에는 예술을 향유한다는 측면에서 예술이라는 파이가 커지고 전문예술에도 긍정적인 영향을 미칠 것입니다. 저는 아마추어와 전문가를 기능적으로 구분하는 것은 의미가 없다고 생각합니다. 아마추어가 더 뛰어날 수도 있습니다. 돈 받고 춤추는 사람과 돈 내고 춤추는 사람, 해야 되는 것을 하는 사람과 해도 되고 안 해도 되는 사람의 차이인 겁니다. 전문예술의 하위 범주에 생활예술이 있는 게 아니라 각각의 고유 영역이 있는 것이지요. 그 두 영역에 매개자가 붙어 생활예술에서는 동아리가 만들어지고, 전문예술에서는 사회적 기업이 만들어지는 겁니다.

시민들은 생활예술을 매개로 생활 민주주의를 경험합니다. 토론하고 협의하고 실천하는 것, 그 안에서 서로 존중하는 것, 협력과 호혜의 신뢰 관계를 만들어가는 것은 사회자본입니다. 이것들이 건강한 문화 생태계를 만들고 선순환을 구축합니다. 건강한 문화 생태계의 선순환은 어떤 긍정적 결과물을 가져올까요? 바로, 축제입니다. 보통 '축제'와 '공연'은 혼용되는데, 사실 서로 다른 말입니다. 누가 왔는지 보러 가는 것이 공연이고, 구성원이 함께 준비하고 같이 놀면서 성과를 얻는 것이 축제입니다. 축제를 기획하는 사람들이 가장 신경 쓰는 부분도 '어떻게 하면 사람들이 자발적으로 참여할 수 있을까?', '참여자가 스스로 기획해 실행하고, 심지어 평가까지 할 수 있을까?' 하는 것입니다. 그리고 15년 동안 축제를 기획해온 저는 한 가지 노하우를 갖게 되었습니다.

하버드 대학교의 심리학자 엘렌 랑거Ellen Langer가 말한 '통제의 환상'이라는 개념이 있습니다. 권한이 없던 무언가에 내가 통제나 영향을 미칠 수 있다고 믿으면 생활의 질이 올라간다는 것입니다. 예를 들어 화장실에 바로 들어가고 싶은 상황인데 참아야 합니다. 지금 고속도로를 달리고 있다면 참는 것이 정말 고역이지만, 화장실 앞에 줄을 서 있다면 괴로워도 참을 수 있습니다.

또 다른 예를 들어보겠습니다. 1974년 미국에서 있었던 케이크 믹스 이야기입니다. 빵을 간편하면서도 맛있게 만들어 먹을 수 있는 케이크 믹스가 출시되었습니다. 그런데도 판매량이 저조했습니다. 회사에서는 고민 끝에 '달걀과 기름은 당신이 넣으세요'라는 문구와 함께 파우더에 함유된 달걀과 기름 성분을 빼버렸습니다. 그러자 판매량이 급증했습니다. 사람들은 자신의 기호에 따라 원하는 만큼 달걀을 넣을 수 있고, 올리브를 넣을지 버터를 넣을지를 정할 수 있게 되자 즐거워하고 만족스러워했던 겁니다. 기획에서 당사자가 만족할 만한 지점에 '개입'할 자리를 만들어주는 것이 얼마나 중요한지를 보여주는 사례입니다.

문화바람에서는 축제를 시작하기 전에 일단 회원들이 모여 회의를 합니다. 날짜, 연출, 운영, 스태프 등 회원들이 모두 준비합니다. 회원들이 축제에 개입하면서 새로운 교훈도 생겼습니다.

'스태프가 즐거운 축제가 진짜 성공한 축제다. 스태프가 즐

겨야 한다.'

회원들은 이 활동을 왜 하는가에 주목하고 싶어 했습니다. 문화바람은 지역문화의 생명력을 더욱 살리고 싶었습니다. 즉 '지역이 살아야 한다'라는 데에 공론이 모아졌습니다. 그래서 문화를 매개로 한 '상권 살리기' 활동을 시작했습니다. '문화바람은 콘텐츠가 있으니 축제를 통해 이번엔 망가진 상권을 살려보자'라는 취지로 가게들을 찾아다니며 설득했습니다. 축제를 홍보하기 위해 지역 상권에서 쓸 수 있는 할인권을 만들었습니다. 그러자 상인들이 '개입'했습니다. 할인권을 가지고 찾아오는 손님에게 덤을 얹어준 겁니다. 또 하나, 동네 장기자랑 대회를 추진했습니다. 상인들과 지역 주민들의 만남의 장을 만드는 게 목적이었습니다. 상품은 5만 원 상당의 식권, 찻잔 세트 등이었습니다. 주인과 손님으로만 만나는 것이 아니라 서로 웃고 즐기는 새로운 관계를 만들었습니다.

동네에 쓰레기가 가득한 골목이 있었습니다. 쓰레기를 어떻게 치워야 할까 고민했습니다. 민원을 넣으면 치워주지만 과태료를 부과하거나 CCTV를 설치하는 등 불편한 방법도 동원할 테지요. 그런데 통장님과 회원 몇 명이 의견을 모아 화단을 만들었습니다. 화단을 만들 때에도 동네 주민들이 도와주었습니다. 꽃집 아주머니가 화초를 기부하고, 옆집 할머니에게서 흙을 얻고, 부천의 공방 동아리에서 나무를 얻어 예쁜 화단을 완성했습니다. '개입'의 연속이었습니다. 그렇다고 한순간에 바뀌지는 않았습니다. 10년 동안 쓰레기가 버려지던 자리였기 때문이지요.

화단을 만들자는 의견을 채택할 때에도 열 명은 CCTV를 설치하는 게 낫다는 의견을 내놓았습니다. 스무 명은 화단을 만들자는 의견이었고요. 그 회의에 참석한 사람들의 이야기를 들어보니, 그 자리에 쓰레기가 버려져 있을 때마다 이런 생각이 들었다고 합니다. '그것 봐. 안 될 거라 했잖아'라는 말을 듣고 싶지 않다고요. 그래서 화단 만들기에 찬성했던 사람들이 꾸준히 쓰레기를 줍게 되었다고 합니다. 결국 그 골목은 깨끗해졌습니다. 우리는 다시 한 번 개입하는 것, 그리고 주인의식이 얼마나 중요한지를 깨달을 수 있었습니다.

:

모두가 평등한 공동체

:

서울 성북구에서 '마을 민주주의'에 관한 의미 있는 토론회가 열렸습니다. '마을 만들기'에 참여하는 사람들이 나와 '스스로 통치해야 한다', '스스로 기획하고 재정을 운영하고 결정하고 책임까지 져야 한다', '그러기 위해선 공론장이 필요하다'고 이야기했습니다. 공론장을 만들면 우리가 신뢰하지 않았던, 주민들이 가진 어마어마한 에너지를 만날 수 있게 된다는 겁니다. 이제 그 공론장을 어떻게 만들 것인가에 대한 고민이 이어졌습니다.

문화바람에서 이런 이야기가 오간 적이 있습니다. 마을에 폐지를 줍는 할머니와 할아버지가 열일곱 명 정도 있었습니다. 처음에는 가슴이 아팠는데 자주 마주치다 보니 익숙해지는 겁니다. 아이들조차 그 모습을 낯설지 않게 바라보게 되었습니다. 그분들께 얼마를 버느냐고 물어보니 열두 시간을 돌아다니면 3,000~4,000원을 번다고 합니다.

할머니, 할아버지들이 더 이상 박스를 줍지 않고 그보다 더 높은 수익을 얻는 방법을 찾아보다가, 두부를 만들기 시작했습니다. 문화바람에 콩나물과 두부를 팔자고 제안했더니, 회원들이 각자의 의견을 내놓았습니다. 통장님은 달걀을 팔자고 했고 27년간 삼계탕집을 운영한 분은 장사 노하우를, 대기업에 다니다 퇴직한 분은 경영 노하우를 얘기하다 보니 초등학교밖에 못 나온 할머니들은 그만 한마디도 꺼내지 못했습니다. 재력과, 사회적 지위와, 경험과, 지식의 차이가 그대로 작동하고 있었습니다. 공론장이 전혀 형성되지 않았습니다.

결국, 공론장을 만들자는 데서 평등과 신뢰를 가진 공론장을 어떻게 만들 것인가에 대한 고민으로 발전하게 되었습니다. 시인인 심보선 교수는 평등과 신뢰를 가진 공론장을 '작업장 공동체'라고 규정했습니다. 예를 들면, 김장을 할 때 김장을 하는 아주머니들은 평등해집니다. 직장인들이 군복을 입고 예비군 훈련을 가면 똑같은 이야기를 합니다. 관계가 리셋되는 경험이지요. 사회적 지위 같은 불평등한 조건의 사람들이 모여 평등한 합창단원을 만듭니다. 이 할머니는 초등학교밖에 못 나온 할머니가 아니라 소프라노 할머니, 이 아저씨는 대기업에 다니는 아저씨가 아니라 알토 아저씨가 되는 겁니다. 정체성이 다시 규정되어 평등과 신뢰가 있는 공론장이 만들어집니다.

예술은 그런 매개 역할을 합니다. 관계를 다시 부드럽게 만들어주는 장치가 됩니다. 예술을 통해 '모두 함께 해결해봅시다'라는 공론장이 만들어진다면, 예술은 굉장히 유용한 꽃이 되고 절실해지고 아름다워집니다.

사실 할머니들의 두부 사업은 잘되지 않았습니다. 예상치 못한 지점에서 꽉 막혀버렸습니다. 바로 '토론이 되지 않는다'는 것이었습니다. 그 상태로 계속 진행하면 할머니들이 수동적으로 '끌려다닐 것' 같더군요. 사업을 중단하는 수밖에 없었습니다. 일종의 시행착오를 겪은 셈입니다.

248

우선 그분들과 함께 동아리 활동을 시작했습니다. 차근차근, 때론 돌아가는 길로 걸어가야만 평등한 공동체, 민주적인 공동체가 형성됩니다. 할머니들의 삶을 동정하고, 내가 괜찮아 보이는 삶으로 그분들을 끌어올리려 하는 것은 오만이고 무례이기 때문입니다. 공동체는 동정이 아니라 존중을 통해 평등이라는 가치를 실현합니다.

마을 축제를 진행하다 보면 외부인이 보기에 '왜 저 부분에서는 다들 숙연해지지?'라고 의아해하는 순간이 생깁니다. 마을 사람들만 그 이유를 압니다. '아, 이거 지난 4월에 대판 싸우고, 죽이네 사네 하던 게 이렇게 잘됐네'라는 생각이 드는 겁니다. 그런 생각의 여운은 깁니다. 그게 축제의 힘입니다. 지난 시간을 매듭짓고, 그 여운으로 내년을 살고 새로운 희망을 갖게 하는 것, 그것이 마을 축제입니다.

앞에서 꽃 이야기를 해드렸습니다. 저는 문화바람 회원들을 보면서 배운 게 있습니다. 2008년 이전에는 제가 회원들에게 방향을 제시했습니다. 제가 원하는 상으로 시민들을 모으기 위해 선별적으로 교육하고 프로그램을 만들어 제공했습니다. 그런데 20년간 문화활동가로 지내면서 깨닫게 된 점은, 시민 한 명 한 명이 다 저마다의 '씨앗'이라는 겁니다.

씨앗은 제각각 소중한 자양분과 DNA를 가지고 있습니다. 제가 뭘 '가르친다'고 할 게 없는 겁니다. 씨앗에 필요한 것은 습도와 온도뿐입니다. 습도와 온도만 맞춰주면 자신이 가지고 있는 양분과 DNA로 발화를 준비합니다. 시민도 마찬가지입니다. 그렇게 해야 꽃이 핍니다. 시민의 꽃이 군락을 이루는 사회가 문화 사회입니다. 이것이 앞으로 우리가 겪게 될 사회의 모델이라고 감히 확신합니다.

사회생활에 너무나 바쁜 시민이 많습니다. 시민 모두가 동아리 활동을 해야 한다고 말하는 건 아닙니다. 생활예술이라는 말을 다시 한 번 음미해주시길 부탁드립니다. 그리고 생활 안에서 의지를 확장시켜보십시오. '절대 할 수 없다'고 생각했던 것들이 혼자가 아닌 세 명이 더 모이니까 이루어지는 경험을 하는 것, 그리고 '내가 이 조직 안에서 역할이 있구나' 하는 긍정적 존재감을 충만히 느끼는 것, 저는 이것이 생활예술과 다르지 않다고 생각합니다. '내가 쓸데없는 사람이 아니구나', '오늘도 잘 살아 있었구나'라고 느끼는 것만으로도 예술적 감수성은 충분합니다.

참여할 수 있는 예술적 활동은 사실 스펙트럼이 넓습니다. 이미 하고 있는지도 모릅니다. 생각을 조금 전환하면 그저 그랬던 선택들이 예술적 활동으로 자신에게 재해석될 수 있습니다. 현재 문화바람에는 1,000명 정도의 회원이 있습니다. 이들 중 일부는 동아리 활동을 합니다. 그러지 않는 회원들은 티켓을 받아 문화바람이 유치해둔 공연을 무료로 관람합니다. 그마저 여의치 않은 회원들에게는 분기마다 선물 상자를 하나씩 보내드립니다. 그 안에는 장애인이 만든 인형도 있고, 유기농 고구마도 담겨 있습니다. 모두 의미 있는 물건으로 구성해 편지와 함께 보내드립니다. 이를 통해 문화바람 회원들은 '내가 이 상자를 받는 것만으로도 세상이 조금씩 변해간다. 내가 이 상자를 받는 것은 예술적 활동이다'라는 문화적 자존감을 느낀다고 합니다.

여러분, 일상적인 구매 행위나 이용 행위의 의미를 한번 곰곰이 생각해보고 새로운 의미를 부여하거나 패턴을 바꿔보세요. 그것이 곧 시민으로서의 문화 활동이자 예술 활동입니다.

희망을 통찰하다 우리 시대의 청춘 특강

초판 인쇄 2016년 3월 21일　**초판 발행** 2016년 3월 25일
기획 김창남　**지은이** 주진우 최규석 김영미 원종우 김우정 배순탁 이준행 김동완 임승관
편집 김현옥　**디자인** desingforme
펴낸이 천정한　**펴낸곳** 도서출판 정한책방　**출판등록** 2014년 11월 6일　제2015-000105호
주소 서울시 마포구 월드컵북로1길 30, 303호(서교동 동보빌딩)
전화 070-7724-4005　**팩스** 02-6971-8784
블로그 http://blog.naver.com/junghanbooks　**이메일** junghanbooks@naver.com

ISBN 979-11-954650-4-0 (03300)

이 도서의 국립중앙도서관 출판예정도서목록(CIP)은
서지정보유통지원시스템 홈페이지(http://seoji.nl.go.kr)와
국가자료공동목록시스템(http://www.nl.go.kr/kolisnet)에서 이용할 수 있습니다.
(CIP제어번호: CIP2016006752)